中国法学会研究会支持计划
最高人民法院审判理论研究会主持

中国法院类案检索与
裁判规则专项研究

# 公司股东权利行使与责任案件裁判规则（一）

韩德强 主编

法律出版社
LAW PRESS·CHINA
北京

**图书在版编目(CIP)数据**

公司股东权利行使与责任案件裁判规则. 一 / 韩德强主编. -- 北京 : 法律出版社, 2022
ISBN 978 - 7 - 5197 - 6767 - 9

Ⅰ. ①公… Ⅱ. ①韩… Ⅲ. ①上市公司－股东－权益保护－研究－中国 Ⅳ. ①D922.291.914

中国版本图书馆 CIP 数据核字(2022)第 095721 号

**公司股东权利行使与责任案件裁判规则(一)**
**GONGSI GUDONG QUANLI XINGSHI YU ZEREN ANJIAN CAIPAN GUIZE (YI)**

韩德强 主编

责任编辑 周 洁
装帧设计 李 瞻

**出版发行** 法律出版社
**编辑统筹** 司法实务出版分社
**责任校对** 王晓萍
**责任印制** 胡晓雅
**经　　销** 新华书店

**开本** 710 毫米×1000 毫米 1/16
**印张** 11.5　　**字数** 195 千
**版本** 2022 年 6 月第 1 版
**印次** 2022 年 6 月第 1 次印刷
**印刷** 三河市龙大印装有限公司

地址:北京市丰台区莲花池西里 7 号(100073)
网址:www.lawpress.com.cn
投稿邮箱:info@lawpress.com.cn
举报盗版邮箱:jbwq@lawpress.com.cn
销售电话:010 - 83938349
客服电话:010 - 83938350
咨询电话:010 - 63939796


**书号**:ISBN 978 - 7 - 5197 - 6767 - 9
**定价**:55.00 元

凡购买本社图书,如有印装错误,我社负责退换。电话:010 - 83938349

**最高人民法院审判理论研究会**
**类案同判专项研究首席专家组组长**
**姜启波**

**首席专家组成员**（以姓氏笔画为序）：

丁文严　王保森　王　锐　王毓莹　牛　凯　代秋影
包献荣　刘俊海　李玉萍　李　明　杨　奕　吴光荣
沈红雨　宋建宝　张勇健　陈　敏　范明志　胡田野
钟　莉　姜俊禄　唐亚南　曹守晔　韩德强　黎章辉

---

## 公司股东权利行使与责任案件裁判规则（一）

**主　编**：韩德强
**副主编**：廖春迎　杜　岩
**专家组**（以姓氏笔画为序）：

卜　素　石　东　孙　盈　李梦园　李　雪
李超男　杨琳琳　张笑文　周晓莉　周　维
胡　君　贾凯迪　贾相力　韩耀斌　潘　伟

# 中国法院类案检索与裁判规则专项研究说明

最高人民法院“五五改革纲要”提出“完善类案和新类型案件强制检索报告工作机制”，周强首席大法官提出法官办案应当进行案件检索。为配合司法体制综合配套改革，落实周强首席大法官的指示要求，循序推进人民法院类案同判工作，中国应用法学研究所组织了最高人民法院审判理论研究会及其下设18个专业委员会的力量，开展中国法院类案检索与裁判规则专项研究，并循序推出类案检索与裁判规则研究成果。

最高人民法院审判理论研究会及其分会的研究力量主要有最高人民法院法官和地方各级人民法院法官、国家法官学院和大专院校专家教授、国家部委与相关行业的专业人士，这些研究力量具有广泛的代表性，构成了专项研究力量的主体。与此同时，为体现法为公器，应当为全社会所认识，并利用优秀的社会专业人士贡献智力力量，专项研究中也有律师、企业法务参加，为专项研究提供经验与智慧，并参与和见证法律适用的过程。以上研究力量按照专业特长组成若干研究团队开展专项研究，坚持同行同专业同平台研究的基本原则。

专项研究团队借助大数据检索平台，形成同类案件大数据报告，为使用者提供同类案件裁判全景；从检索到的海量类案中，挑选可索引的、优秀的例案，为使用者提供法律适用参考，增加裁判信心，提高裁判公信；从例案中提炼出同类案件的裁判规则，分析裁判规则提要，提供给使用者参考。从司法改革追求的目标看，此项工作能够帮助法官从浩如烟海的同类案件中便捷地找到裁判思路清晰、裁判法理透彻的好判决（即例案），帮助法官直接参考从这些好判决中提炼、固化的裁判规则。如此，方能帮助法官在繁忙工作中实现类案同判。中国法院类案检索与裁判规则专项研究，致力于统一法律适用，实现法院依法独立行使审判权与法官依法独立行使裁判权的统一。这也正是应用法学研究的应有之义。

专项研究的成果体现为电子数据和出版物(每年视法律适用的发展增减),内容庞大,需要大量优秀专业人力长期投入。有关法院裁判案件与裁判内容检索的人工智能并不复杂,算法也比较简单,关键在于"人工",在于要组织投入大量优秀的"人工"建设优质的检索内容。专项研究团队中的专家学者将自己宝贵的时间、智力投入到"人工"建设优质内容的工作中,不仅需要为统一我国法律适用、提升裁判公信力作出贡献的情怀,还需要强烈的历史感、责任感,具备科学的体系思维和强大的理性能力。此次专项研究持续得越久,越能向社会传达更加成熟的司法理性,社会也越能感受到蕴含在优质司法中的理性力量。

愿我们砥砺前行。

编写组

二〇一九年五月十六日

# 前　言

随着社会发展及司法公开力度加大，案件裁判信息的交流与比较日益频繁、便捷，人民群众对法律适用及裁判尺度不统一问题的关注度不断提升，类案同判成为强烈的社会司法需求。最高人民法院也在持续关注并出台措施加以应对，如2018年印发的《关于进一步全面落实司法责任制的实施意见》提出，健全完善法律统一适用机制，各级法院应当在完善类案参考、裁判指引等工作机制基础上，建立类案及关联案件强制检索机制，确保类案裁判标准统一、法律适用统一；存在法律适用争议或者"类案不同判"可能的案件，承办法官应当制作关联案件和类案检索报告。2019年发布的《人民法院第五个五年改革纲要（2019—2023）》再次重申，完善统一法律适用机制，完善类案和新类型案件强制检索报告工作机制。2020年，最高人民法院发布《关于统一法律适用加强类案检索的指导意见（试行）》，就类案检索的范围、方法、法律适用分歧解决机制等问题进行了明确。最高人民法院推动类案同判已经成为提升司法公信、实现法律适用统一的重要工作内容和手段。而实现类案同判，首先要发现类案并确立类案裁判规则，进而通过规则约束个案裁判。

近年来，我国经济取得了高速的发展和质的飞跃。随着社会主义市场经济体制的发展和完善，公司作为市场经济的重要主体，其实践内容越来越丰富；与此同时，公司运行中各相关主体的矛盾和利益冲突越来越多地表露出来，涉及公司、股东、债权人权益以及公司内部治理的纠纷经常发生，公司诉讼案件数量呈逐年上升趋势，而公司诉讼案件应该是各类商事纠纷诉讼中最为复杂的一种。这既缘于我们对这一领域的生疏，缺乏长期的实践积累，又缘于其中包含了太多、太复杂的法律关系和各种具有特殊内容的商事法律规范及商事运作规则。司法实践中，因一些公司法律制度的适用问题缺乏细致性规定导致同一类纠纷案件有许多不同裁判观点的事例不胜枚举。股东是公司运行、诉讼最直接、最常见的参与者和亲历者，股东权利的行使与责任的承担是贯穿整个公司实践的主线，涉及股东权利行使与责任的案件也是公司诉讼中体量最大的一类案件。因此，提炼公司股东权利行使与责任类案件的裁判规则,具有极高的实践价值。

为确保公司股东权利行使与责任类案裁判规则研究的公信度与权威性,由中国审判理论研究会、中国应用法学研究所组织牵头,由北京市第二中级人民法院专门审理与公司有关的纠纷类案件的民事审判第四庭负责具体的编著事务。在最高人民法院中国应用法学研究所韩德强主编的统筹指导下,精心编写、认真论证、反复打磨,终成本书。针对审判实践中遇到的公司股东权利的取得、行使、义务与责任方面的争议问题,新型或疑难复杂问题,编写团队依托大数据检索平台、辅之各类经典案例,从检索收集到的海量类案中,研究、分析、提炼类案裁判规则 25 条,并最终确定 23 条成熟的裁判规则,共分两本书进行分析。每条规则下均附有该规则的类案检索大数据报告,确保项下案例与规则具有高度契合性,保证统计数据的准确度。此外,每条规则下还提供了可供参考的例案、裁判规则提要及辅助信息,彰显了裁判规则的权威性、准确性和可适用性。可供参考例案均系编写团队精心挑选,通过个案向读者展示裁判思路;裁判规则提要是类案裁判规则的核心,是对规则的法理依据、审理要点及适用情形的具体阐释;辅助信息则附注了与裁判规则相关的法律条文,方便读者查阅。

本书 12 条裁判规则基本涵盖了当前涉及股东权利行使与责任审判领域中的重点、热点、疑难问题,全面展示了该领域内的权威司法裁判观点,为法官、律师及其他从事相关实务、研究的人员提供了有益的参考。当然,受制于经济发展速度、公司实践丰富程度及编者水平等原因,本书难免存在疏漏,敬请广大读者不吝赐教,帮助笔者进一步总结提高,共同凝聚涉及公司股东权利行使与责任案件的法律适用共识,推进类案同判,促进法律适用统一。

# 目　录

**公司股东权利行使与责任案件裁判规则第 1 条：**

有限责任公司股东未依约履行出资义务或者抽逃出资，股东资格和权利并不当然被剥夺，公司或其他股东直接提起诉讼，请求人民法院判决限制股东权利或解除股东资格的，不予支持 …… **1**

一、类案检索大数据报告 …… 1

二、可供参考的例案 …… 3

三、裁判规则提要 …… 9

四、辅助信息 …… 11

**公司股东权利行使与责任案件裁判规则第 2 条：**

各方就投资款项的性质未做明确约定，投资人提起诉讼请求返还投资本金及收益或确认股东资格，应当综合公司外部登记以及投资人参与公司经营、获取收益情况，区分债权投资和股权投资 …… **12**

一、类案检索大数据报告 …… 12

二、可供参考的例案 …… 14

三、裁判规则提要 …… 21

四、辅助信息 …… 24

**公司股东权利行使与责任案件裁判规则第 3 条：**

有限责任公司的实际出资人请求登记为公司股东的，需经其他股东过半数同意。实际出资人举证证明其他股东对其实际出资知情，且对其实际行使股东权利未提出异议，其他股东抗辩不同意变更登记该实际出资人为公司股东的，人民法院不予采纳抗辩意见 …… **26**

一、类案检索大数据报告 …… 26
二、可供参考的例案 …… 27
三、裁判规则提要 …… 35
四、辅助信息 …… 38

**公司股东权利行使与责任案件裁判规则第4条:**

登记于公司登记机关的股东提起诉讼主张其被冒名登记为股东,人民法院应当结合公司设立背景,工商登记的情况,被出具名义者与公司、公司法定代表人、实际控制人等之间的关系等客观事实,综合认定原告是否知道或者应当知道"出具名义"的事实 …… **39**

一、类案检索大数据报告 …… 39
二、可供参考的例案 …… 40
三、裁判规则提要 …… 52
四、辅助信息 …… 53

**公司股东权利行使与责任案件裁判规则第5条:**

有限责任公司继受股东请求查阅公司特定文件材料,公司抗辩主张该股东对其成为公司股东之前的特定文件材料不享有知情权的,人民法院不予采纳。继受股东的请求符合《公司法》第33条或者公司章程的规定的,人民法院予以支持 …… **54**

一、类案检索大数据报告 …… 54
二、可供参考的例案 …… 55
三、裁判规则提要 …… 66
四、辅助信息 …… 68

**公司股东权利行使与责任案件裁判规则第6条:**

有限责任公司股东仅依据《公司法》第33条之规定请求查阅公司会计凭证的,人民法院不予支持,但公司章程对此有特殊规定的除外 …… **69**

一、类案检索大数据报告 …… 69
二、可供参考的例案 …… 70
三、裁判规则提要 …… 76

四、辅助信息 …… 78

**公司股东权利行使与责任案件裁判规则第 7 条：**

有限责任公司股东请求查阅公司会计账簿，公司抗辩主张股东查阅会计账簿有不正当目的的，应从合理根据、损害公司合法利益可能性两方面综合认定 …… **80**

一、类案检索大数据报告 …… 80
二、可供参考的例案 …… 81
三、裁判规则提要 …… 87
四、辅助信息 …… 89

**公司股东权利行使与责任案件裁判规则第 8 条：**

股东以股东会或者股东大会决议中其签名系伪造为由，请求撤销决议或者确认决议不成立，但公司有证据证明该股东事先对代签名知情或者事后予以追认，人民法院不予支持。如果股东对代签名事先不知情、事后未追认，但对决议未产生实质影响或者不符合《公司法解释四》第 5 条规定的情形，人民法院不予支持 …… **91**

一、类案检索大数据报告 …… 91
二、可供参考的例案 …… 93
三、裁判规则提要 …… 104
四、辅助信息 …… 105

**公司股东权利行使与责任案件裁判规则第 9 条：**

公司未按照法律或公司章程规定的期限通知股东参加股东会或者股东大会，股东未就此提出异议，并直接或者委托他人出席了会议，发表意见、参与表决，之后该部分股东又以召集程序违法为由，请求撤销该股东会或者股东大会决议的，人民法院不予支持 …… **107**

一、类案检索大数据报告 …… 107
二、可供参考的例案 …… 109
三、裁判规则提要 …… 119
四、辅助信息 …… 122

**公司股东权利行使与责任案件裁判规则第 10 条:**
人民法院对公司决议撤销纠纷中决议内容的审查范围仅限于是否违反公司章程。人民法院应尊重公司自治,不对决议内容进行商业判断 ……… **124**

一、类案检索大数据报告 …… 124
二、可供参考的例案 …… 126
三、裁判规则提要 …… 135
四、辅助信息 …… 138

**公司股东权利行使与责任案件裁判规则第 11 条:**
公司根据股东会或股东大会、董事会决议已办理变更登记,人民法院判决确认该决议不成立或撤销该决议的,相关主体请求公司撤销变更登记,人民法院应当予以支持,但撤销变更登记涉及善意相对人利益的除外 ……… **139**

一、类案检索大数据报告 …… 139
二、可供参考的例案 …… 141
三、裁判规则提要 …… 156
四、辅助信息 …… 158

**公司股东权利行使与责任案件裁判规则第 12 条:**
公司章程是股东自治规则的载体,具有公司自治特点,只要股东达成合意,且不违背法律的强制性规范,公司章程即为有效。公司章程的内容违反法律禁止性规定,股东有权提起诉讼要求确认公司章程无效,人民法院应予支持。股东仅以修改公司章程的决议存在程序瑕疵为由,请求确认公司章程无效的,人民法院不予支持 …… **160**

一、类案检索大数据报告 …… 160
二、可供参考的例案 …… 161
三、裁判规则提要 …… 170
四、辅助信息 …… 170

**后记** …… **172**

# 公司股东权利行使与责任案件裁判规则第 1 条：有限责任公司股东未依约履行出资义务或者抽逃出资，股东资格和权利并不当然被剥夺，公司或其他股东直接提起诉讼，请求人民法院判决限制股东权利或解除股东资格的，不予支持

〔**规则描述**〕：有限责任公司股东未依约履行出资义务或者抽逃出资，股东资格和权利并不当然被剥夺，公司或其他股东直接提起诉讼，请求人民法院判决限制股东权利或解除股东资格的，不予支持。限制股东权利、解除股东资格属公司自治范畴，对于未全面履行出资义务或者抽逃出资的股东，公司可根据公司章程或者股东会决议对其利润分配请求权、新股优先认购权、剩余财产分配请求权等股东权利作出相应的合理限制；对于未履行出资义务或者抽逃全部出资的股东，经公司催告缴纳或者返还，其在合理期间内仍未缴纳或者返还出资，公司可以股东会决议解除该股东的股东资格。出现上述情形，经法定程序召集、召开、表决、形成的限制股东权利、解除股东资格的股东会决议，不应被认定无效。

## 一、类案检索大数据报告

截至 2020 年 3 月 31 日，以"未履行""抽逃""出资义务""股东会决议"为关键词，通过 Alpha 案例库共检索到类案 3557 件，经逐案阅看、分析，与本规则关联度较高的案件共有 221 件。因其中存在同一案件的一审、二审、再审裁判，严格意义上应将其认定为一件案件（同时还有套案因素等，实质上争议的焦点问题是相同的），故剔除前述情形后，实际共有 181 件案件。整体情况如下：

从类案地域分布看，涉案数最多的地域是江苏省，共 16 件；其次是山东省，共 14 件。类案主要地域分布如图 1－1 所示。

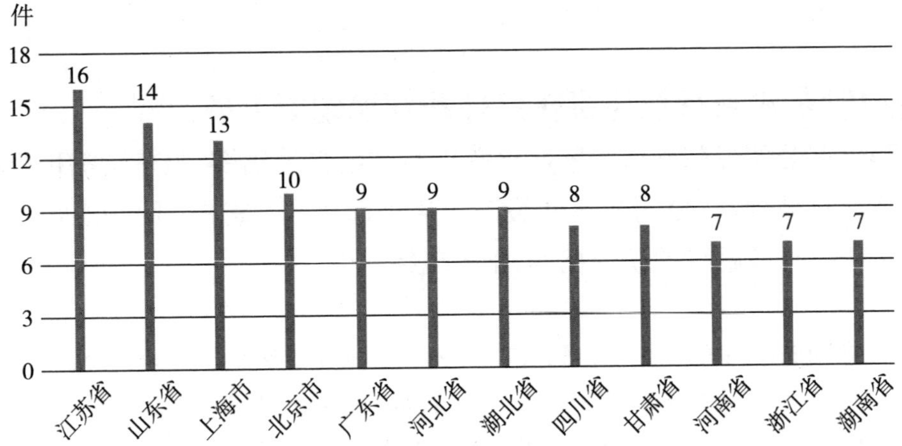


**图1－1　类案主要地域分布**

从类案结案时间看,结案最多的年份是2018年,共有50件;其次为2019年,共有40件。

从案件经历的审理程序看,只经过一审程序的共计99件,经过一审、二审两审程序的共计72件,经过一审、二审及再审程序的共计10件(如图1－2所示)。

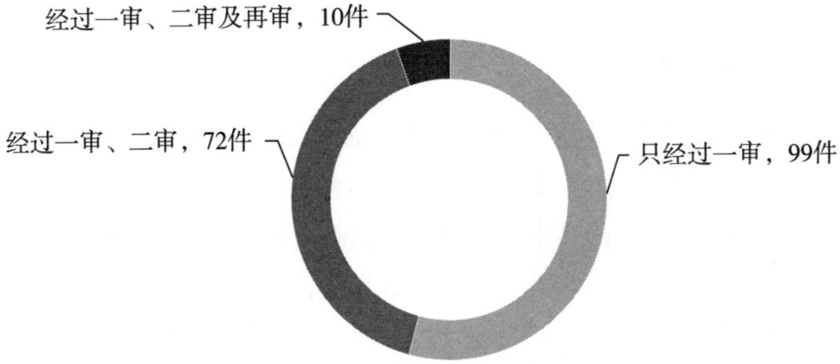


**图1－2　类案经过的审理程序**

## 二、可供参考的例案①

### 例案一 王某某、杨某某等13人与阜平天桥商务有限公司、牛某某股东资格确认纠纷案②

**【法院】**

河北省保定市中级人民法院

**【案号】**

(2019)冀06民终121号

**【当事人】**

上诉人(原审原告)：王某某、杨某某等13人

被上诉人(原审被告)：阜平天桥商务有限公司

法定代表人：牛某某，该公司董事长

原审第三人：牛某某

**【基本案情】**

因不服(2018)冀0624民初643号民事判决，王某某、杨某某等13人提起上诉，上诉请求：撤销一审判决，改判确认第三人牛某某未取得阜平天桥商务有限公司股东资格，确认其不具有阜平天桥商务有限公司董事长资格。事实和理由：阜平县公安局2004年7月13日的情况汇报充分证实了牛某某系骗取工商登记后又抽逃出资，其未以46.2万元购买国企改制中王某二转让的公司股权，未取得公司股东资格，也不具有公司董事长资格。

被上诉人阜平天桥商务有限公司辩称，原审判决认定事实清楚，适用法律正确，应予维持。

原审第三人牛某某述称，同意阜平天桥商务有限公司的意见。

法院经审理查明：2000年8月，阜平县机械厂改制为阜平县金鑫机械制造有限公司，公司注册资本50万元，由20位股东出资设立，牛某某担任董事长。后阜平县金鑫机械制造有限公司变更为阜平天桥商务有限公司，出资额及出资股东不变，牛某某担任董事长。2008年4月18日，阜平县工商管理局作出阜工商处字

---

① 例案所引用的法律法规等为判决时生效的法律条文，全书同。

② 通过中国裁判文书网查询检索，本案仅有二审判决书，没有一审判决书。

(2008)第12号行政处罚决定书,决定吊销阜平天桥商务有限公司营业执照。2012年,公司股东陈某某、杨某二以牛某某、第三人郑某某、阜平天桥商务有限公司损害公司利益为由向阜平县人民法院提起诉讼。2013年5月23日,阜平县人民法院作出(2012)阜民初字第735号民事判决书,判决驳回陈某某、杨某二的诉讼请求,二者不服向河北省保定市中级人民法院提起上诉,河北省保定市中级人民法院于2013年11月8日作出(2013)保民四终字第411号民事判决书,驳回上诉,维持原判。陈某某、杨某二申请再审,河北省保定市中级人民法院于2014年8月16日作出(2014)保民申字第20号民事裁定书,驳回了陈某某、杨某二的再审申请。

**【案件争点】**

应否判决确认第三人牛某某未取得阜平天桥商务有限公司的股东资格、不具有阜平天桥商务有限公司董事长资格。

**【裁判要旨】**

关于王某某、杨某某等向法院提起诉讼,请求判决确认第三人牛某某未取得阜平天桥商务有限公司的股东资格以及判决确认第三人牛某某不具有阜平天桥商务有限公司董事长资格,该诉讼请求所依据的事实是《阜平县公安局关于机械厂改制过程中涉嫌抽逃出资一案的情况汇报》等一系列材料中认定牛某某在购买股权过程中存在抽逃出资的行为。然而,即使股东存在抽逃出资的行为,也并不当然改变其已有的股东资格。股东资格取决于公司章程和股东名册的记载,更重要的则是工商行政管理部门注册登记的确认,上述文件是证明股东资格的基本依据。本案中,案涉公司章程、股东名册以及在工商行政管理部门注册登记信息中均记载牛某某是阜平天桥商务有限公司股东和法定代表人,因此上诉人依据其提交的证据材料请求人民法院确认牛某某未取得阜平天桥商务有限公司的股东资格,缺乏充分的事实依据,其请求不能成立。

根据《公司法》的规定,董事长的产生办法由公司章程规定。因此,牛某某是否具有案涉公司董事长资格属于公司自治范畴,应当由该公司依据公司章程作出决议。《最高人民法院关于适用〈中华人民共和国公司法〉若干问题的规定(三)》(以下简称《公司法解释三》)第17条第1款规定,有限责任公司的股东未履行出资义务或者抽逃全部出资,经公司催告缴纳或者返还,其在合理期间内仍未缴纳或者返还出资,公司以股东会决议解除该股东的股东资格,该股东请求确认该解除行为无效的,人民法院不予支持。据此,如果有充足证据证明牛某某存在抽逃全部出资的行为,案涉公司应当依法召开股东会并作出决议解决该问题,而并非由王某某、杨某某等直接请求法院判决确认牛某某不具有股东资格，即股东除名必须严格遵循公司法所确定的除名程序。王某某、杨某某等的诉请不符合上述法律及司法解释的规定，法院不予支持。

## 例案二 | 贵州百草精髓保健酒有限公司与潘某某确认股东资格纠纷①

**【法院】**

贵州省仁怀市人民法院

**【案号】**

(2018)黔 0382 民初 4891 号

**【当事人】**

原告：贵州百草精髓保健酒有限公司

法定代表人：胡某某，该公司总经理

被告：潘某某

**【基本案情】**

贵州百草精髓保健酒有限公司诉称，因潘某某至今未履行 2015 年 4 月 26 日在贵州百草精髓保健酒有限公司章程中认缴的出资额，严重影响了公司的正常运营与发展。依照公司章程第 3 章第 9 条规定的出资方式、出资额和出资时间，潘某某应在 2016 年 10 月 30 日前完成 980 万元的认缴出资，享有公司 49% 的股份。潘某某拒绝履行公司章程第 5 章“权利和义务”中第 11 条第 1 款足额缴纳企业章程规定的出资义务，应承担第 6 款不按认缴期限出资的违约责任。公司法定代表人胡某某曾若干次电话与潘某某联系遭拒接，于 2016 年 7 月 4 日和 2017 年 8 月 3 日对潘某某发出邀请函，潘某某拒回信息，后胡某某又于 2017 年 10 月 3 日以邮寄方式将贵州百草精髓保健酒有限公司注销公司股份告知函寄给潘某某，潘某某仍拒收，告知函被退回，据此可以确定无任何方式能与潘某某取得联系。因此，贵州百草精髓保健酒有限公司诉至法院，请求判决潘某某不得享有公司章程中的一切权利及股东权益。

潘某某未应诉、未答辩、未举证。

法院经审理查明：贵州百草精髓保健酒有限公司是有限责任公司，法定代表人

---

① 通过中国裁判文书网查询检索，本案仅有一审判决书。

为胡某某,股东为胡某某、潘某某。其公司章程约定:注册资本人民币2000万元;胡某某出资1020万元、占股比例51%,潘某某出资980万元、占股比例49%,认缴时间为2016年10月30日。股东享有选举和被选举权,按出资比例领取红利,按规定转让和抵押所持股份,享有知情权及剩余资产分配权。章程还对股东转让出资和条件、企业财务会计和利润分配、企业的合并和分立、企业解散与清算等事项作出规定。2016年7月4日、2017年8月3日,贵州百草精髓保健酒有限公司先后两次向潘某某发出邀请函,内容为潘某某与该公司签订合伙协议后未按约出资,要求潘某某于2016年8月30日、2017年9月30日前约定时间协商解决股权关系,以便公司能早日运营。2017年10月3日,贵州百草精髓保健酒有限公司作出注销公司股份告知函,内容为仁怀市太极生态农业科技开发有限公司与该公司于2015年3月3日签订的合伙协议书已经贵州省仁怀市人民法院判决解除且发生法律效力,故双方公司的法定代表人潘某某与胡某某订立的贵州百草精髓保健酒有限公司章程也一并解除,因潘某某未按约出资,该公司将向登记机关申请注销。其后,贵州百草精髓保健酒有限公司将告知函邮寄给潘某某,但被退回。

**【案件争点】**

应否限制潘某某的股东权利。

**【裁判要旨】**

《公司法解释三》第16条规定:股东未履行或者未全面履行出资义务或者抽逃出资,公司根据公司章程或者股东会决议对其利润分配请求权、新股优先认购权、剩余财产分配请求权等股东权利作出相应的合理限制,该股东请求认定该限制无效的,人民法院不予支持。上述规定将限制瑕疵出资股东权利的权利赋予公司或者股东会,属于公司自治的范畴,而非司法救济的范畴。如贵州百草精髓保健酒有限公司认为潘某某未履行或者未全面履行出资义务,应由贵州百草精髓保健酒有限公司根据公司章程或者通过股东会决议决定是否限制潘某某相应的股东权利。因此,贵州百草精髓保健酒有限公司请求法院判决潘某某不享有股东权利,无法律依据,不予支持。

## 例案三 | 胡某某与嘉峪关东方百盛购物广场有限公司请求变更公司登记纠纷案①

**【法院】**

甘肃省高级人民法院

**【案号】**

(2019)甘民申459号

**【当事人】**

再审申请人(一审被告、二审上诉人):胡某某

再审被申请人(一审原告、二审被上诉人):嘉峪关东方百盛购物广场有限公司

法定代表人:陈某某,该公司执行董事

**【基本案情】**

再审申请人胡某某因与被申请人嘉峪关东方百盛购物广场有限公司(以下简称东方百盛公司)请求变更公司登记纠纷一案,不服嘉峪关市中级人民法院(2018)甘02民终262号民事判决,向甘肃省高级人民法院申请再审。

胡某某申请再审称:(1)原审认定的基本事实缺乏真实合法的证据证明。股东会议的议题是返还出资及其不能返还出资的股东责任,应对全体股东具有约束力,不能仅对申请人有约束力,该股东会决议没有合法性、公平性,不能作为解除申请人股东资格的判决依据。从公司资产升值和投资回报大的情况以及抽逃出资须经第三方审计的事实看,不能简单地认为申请人构成抽逃全部出资。(2)本案与《公司法解释三》第12条的规定不符,原审认定申请人抽逃全部出资的事实依据不充分。2017年12月15日的股东会决议违反《公司法》第20条、第22条、第28条、第35条、第72条、第75条的规定,该决议应为无效,原审适用法律错误。(3)一审剥夺了申请人的反诉权,程序错误。申请人在二审时已向嘉峪关市城区人民法院提起了公司决议效力确认之诉,并向嘉峪关市中级人民法院提交关于要求依法中止审理的报告,本案应当以确认之诉的审理结果为依据。现根据《民事诉讼法》第200条第2项、第6项、第9项②的规定,请求再审本案。

东方百盛公司提交意见称,公司提交的证据足以证明胡某某抽逃了全部出资,该行为侵害了公司的财产权益,公司可以依据公司法的相关规定,以股东会决议解

---

① 通过中国裁判文书网查询检索,本案仅有再审裁定书、二审判决书,没有一审判决书。

② 为便于读者阅读,本书案例所引用法律法规为案件审判时生效的法律法规。

除胡某某的股东资格,该决议合法有效。原审认定事实清楚,适用法律正确,程序适当,请求驳回胡某某的再审申请。

**【案件争点】**

胡某某是否存在抽逃出资的行为以及解除其股东资格的股东会决议的效力问题。

**【裁判要旨】**

出资义务是股东最基本的义务,股东只有在出资的基础上才享有各项权利,根据公司资本维持原则,股东在履行出资义务后不得抽逃出资。股东抽逃出资,是指在公司成立后,股东非经法定程序从公司抽回相当于已缴纳出资数额的财产,同时继续持有公司股份。对此,《公司法解释三》第 12 条规定:"公司成立后,公司、股东或者公司债权人以相关股东的行为符合下列情形之一且损害公司权益为由,请求认定该股东抽逃出资的,人民法院应予支持:(一)制作虚假财务会计报表虚增利润进行分配;(二)通过虚构债权债务关系将其出资转出;(三)利用关联交易将出资转出;(四)其他未经法定程序将出资抽回的行为。"本案中,返还各股东的出资款虽然是经 2014 年 8 月 28 日股东会研究决定的,但 2017 年 11 月 27 日召开的股东会形成决议,决定于 2017 年 12 月 5 日前收回全部股东出资及借款。被申请人东方百盛公司为此提交了向胡某某总计转账 1052.5 万元的记账凭证,胡某某也认可收到该笔款项,数额已超出胡某某在东方百盛公司及所涉其他两家公司的总出资额。胡某某在参加股东会后,未按决议限定时间返还出资,且经东方百盛公司催告缴纳后仍未返还,故一审、二审法院依照《公司法》的相关规定,认定胡某某存在抽逃出资的行为并无不当。

根据《公司法解释三》第 17 条第 1 款的规定,公司以股东会决议解除未履行出资义务或者抽逃出资股东的股东资格,应当符合下列条件和程序:(1)解除股东资格的措施应用于严重违反出资义务的情形,即未出资和抽逃全部出资。(2)公司对未履行出资义务或者抽逃全部出资的股东除名前,应给该股东补正的机会,即应当催告该股东在合理期间内缴纳或者返还出资。(3)解除未履行出资义务或抽逃全部出资股东的股东资格,应当依法召开股东会,作出股东会决议,如果章程没有特别规定,经代表 1/2 以上表决权的股东表决。本案中,胡某某未按限期返还出资,经东方百盛公司催告后仍未返还,公司决定召开股东会,且于 15 日前通过会议和书面方式向胡某某通知了开会时间、地点及内容议题,但胡某某未按时出席,经胡某某以外的其他股东表决并通过,形成的股东会决议,符合解除股东资格的条件及规定，故一审、二审法院认定并无不当。

关于胡某某提出一审剥夺其反诉权的问题。法院认为，反诉是指在已经开始的诉讼程序中，本诉的被告通过法院向本诉的原告提出的一种独立的反请求。从胡某某在一审时答辩的内容看，其只是对被申请人的诉请提出异议，意在否定被申请人提出的诉讼请求，并没有独立的诉讼请求；胡某某在一审诉讼过程中变更反诉请求为确认股东会决议无效，经法庭释明该请求属本案审理范围后其不持异议。据此，胡某某提出的该项再审事由法院不予支持。

## 三、裁判规则提要

针对有限责任公司股东未尽出资义务时能否对其限制股东权利或者解除股东资格问题，《公司法》中没有直接、明确的规定。最高人民法院在《公司法解释三》第16条、第17条中专门对此问题进行规定。其中，第16条规定：股东未履行或未全面履行出资义务或者抽逃出资，公司根据公司章程或者股东会决议对其利润分配请求权、新股优先认购权、剩余财产分配请求权等股东权利作出相应的合理限制，该股东请求认定该限制无效的，人民法院不予支持。第17条规定：有限责任公司的股东未履行出资义务或者抽逃全部出资，经公司催告缴纳或者返还，其在合理期间内仍未缴纳或者返还出资，公司以股东会决议解除该股东的股东资格，该股东请求确认该解除行为无效的，人民法院不予支持。在前款规定的情形下，人民法院在判决时应当释明，公司应当及时办理法定减资程序或者由其他股东或第三人缴纳相应的出资。在办理法定减资程序或者其他股东或第三人缴纳相应的出资之前，公司债权人依照《公司法解释三》第13条或者第14条请求相关当事人承担相应责任的，人民法院应予支持。

### （一）出资存在瑕疵的股东，股东资格和权利并不当然被剥夺

股东出资存在瑕疵主要表现为未履行或未全面履行出资义务和抽逃出资。未履行出资义务，即股东根本未出资，按照主观意愿不同，可分为虚假出资（宣称出资但实际未出资）、拒绝出资和因客观情况变化而不能出资。未全面履行出资义务，包括未足额出资、迟延出资和瑕疵出资（非货币出资的财产存在权利或物的瑕疵）。抽逃出资具有复杂性、隐蔽性等特点，《公司法解释三》第12条对实践中常见的抽逃出资行为进行了归纳，包括：（1）制作虚假财务会计报表虚增利润进行分配；（2）通过虚构债权债务关系将其出资转出；（3）利用关联交易将出资转出；（4）其他

未经法定程序将出资抽回的行为。

股东出资瑕疵,会导致公司资本不充实,损害公司利益,进而侵害公司其他股东和公司债权人的利益。但股东出资瑕疵,承担的应是补足出资责任、向其他股东或债权人的赔偿责任,股东资格和权利并不当然被剥夺。依据《公司法解释三》第16条、第17条的规定,限制股东权利或解除股东资格属于公司意思自治事项,应由公司通过公司章程或者股东会决议决定,司法不宜进行过度干涉。公司或股东直接提起诉讼,请求法院限制股东权利或者解除股东资格的,法院不予支持。

### (二)公司经法定程序可作出股东会决议,对股东权利作出合理限制或解除股东资格

公司作出股东会决议,以对股东权利进行合理限制或解除股东资格。首先,需要满足公司法和公司章程对于股东会决议的一般要求,履行通知、召集、表决等各项程序,否则可能导致股东会决议不成立或可撤销;其次,通过股东会决议限制股东权利或解除股东资格,还需要符合一些特定程序与条件。

被限制的股东权利原则上应仅限于股东自益权,即股东获得财产利益的权利,包括利润分配请求权、新股优先认购权、剩余财产分配请求权等;原则上不应限制股东的共益权,即股东对公司重大事务参与管理的权利,包括知情权、提案权、质询权等,因为共益权没有直接的财产内容,与出资的联系相对较弱;表决权虽然属于共益权,但是否可以对其进行合理限制,实践中尚存在争议。

解除股东资格这一严厉措施只适用于严重违反出资义务的情形,即"未出资"和"抽逃全部出资",未完全履行出资义务和抽逃部分出资的情形不能适用。

公司作出解除股东资格的决议前,应给予股东补正机会,即应当催告股东在合理期间内缴纳或者返还出资,股东在合理期间内仍未缴纳或者返还出资的,公司才能以股东会决议解除股东资格。应当根据出资形式确定合理期间,若股东以知识产权(如商标、专利)出资,则应当考虑知识产权转让所需的审批时间;若以货币出资,如出资金额巨大,应给予组织资金的必要时间。

限制股东权利或解除股东资格的股东会决议一经作出,若无人对其效力持有异议,在未经司法裁判宣布无效之前,其效力是确定的,无须通过诉讼来进行确认。如对该股东会决议的效力存在争议,法院可在判决中认定其效力。

为向公司债权人传达更真实的信息,保障公司债权人的利益,法院在判决确定股东除名行为的效力时,应当向公司释明,要求公司及时办理法定减资程序或者由

其他股东或第三人缴纳相应的出资，以消除公司资本中的“空洞”。公司办理法定减资程序或者其他股东或第三人缴纳相应的出资之前，被除名的股东仍然应当承担此前由于其未履行出资义务或者抽逃全部出资所导致的对公司债权人的法律责任。

## 四、辅助信息

**高频词条：**

**《公司法解释三》**

**第十六条** 股东未履行或者未全面履行出资义务或者抽逃出资，公司根据公司章程或者股东会决议对其利润分配请求权、新股优先认购权、剩余财产分配请求权等股东权利作出相应的合理限制，该股东请求认定该限制无效的，人民法院不予支持。

**第十七条** 有限责任公司的股东未履行出资义务或者抽逃全部出资，经公司催告缴纳或者返还，其在合理期间内仍未缴纳或者返还出资，公司以股东会决议解除该股东的股东资格，该股东请求确认该解除行为无效的，人民法院不予支持。

在前款规定的情形下，人民法院在判决时应当释明，公司应当及时办理法定减资程序或者由其他股东或者第三人缴纳相应的出资。在办理法定减资程序或者其他股东或者第三人缴纳相应的出资之前，公司债权人依照本规定第十三条或者第十四条请求相关当事人承担相应责任的，人民法院应予支持。

## 公司股东权利行使与责任案件裁判规则第2条:

### 各方就投资款项的性质未做明确约定,投资人提起诉讼请求返还投资本金及收益或确认股东资格,应当综合公司外部登记以及投资人参与公司经营、获取收益情况,区分债权投资和股权投资

〔**规则描述**〕:投资,是指特定经济主体为了在未来可预见的时期内获得收益或使资金增值,在一定时期内向一定领域投放足够数额的资金或实物的经济行为。从投资者的角度来说,投资可以分为股权投资与债权投资。与股权投资不同,债权投资所投入资金并不形成公司自有资金,公司应当还本付息。该条规则旨在对股权投资与债权投资加以区分,对于投资者向公司投入资金的性质,不应仅依据股权登记或款项备注等进行判断,而应当综合考虑公司股权工商登记情况以及投资人参与公司经营、获取收益情况进行认定。

#### 一、类案检索大数据报告

截至2020年3月31日,以"股权投资""债权投资""经营""登记"为关键词,通过Alpha案例库共检索到类案239件,经逐案阅看、分析,与本规则关联度较高的案件共有87件。因其中存在同一案件的一审、二审、再审裁判,严格意义上应将其认定为一起案件(同时还有套案因素等,实质上争议的焦点问题是相同的),故剔除前述情形后,实际共有27件案件。整体情况如下:

从类案地域分布看,涉案数最多的地域是浙江省与山东省,均为4件;其次是北京市,共3件,类案地域分布如图2-1所示。

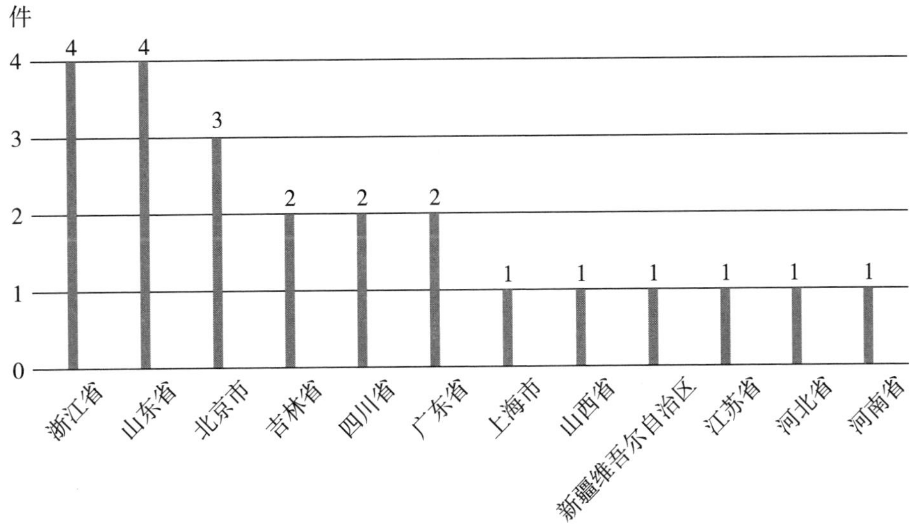


**图2-1 类案主要地域分布**

注：除图中所列地域外，重庆市、黑龙江省、湖北省、贵州省各有1件案件，因篇幅所限，未列入图中。

从类案结案时间看，最多的年份是2019年，共有11件；其次为2018年，共有6件。

从案件经历的审理程序看，经过一审程序的共计11件，经过一审、二审两审程序的共计16件（如图2-2所示）。

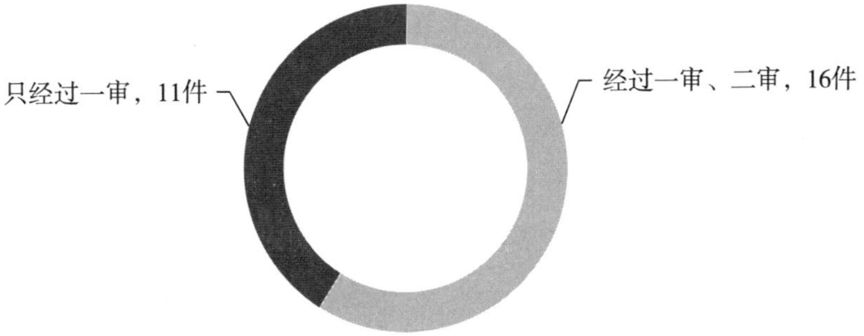


**图2-2 类案经过的审理程序**

## 二、可供参考的例案

### 例案一 | 武汉缤购城置业有限公司、国通信托有限责任公司借款合同纠纷

**【法院】**

最高人民法院

**【案号】**

(2019)最高法民终1532号

**【当事人】**

上诉人(原审被告):武汉缤购城置业有限公司

被上诉人(原审原告):国通信托有限责任公司

原审被告:武汉上善至高置业集团有限公司

原审被告:湖北鼎创实业集团有限责任公司

原审被告:陈某某

原审被告:刘某

**【基本案情】**

上诉人武汉缤购城置业有限公司(以下简称缤购城公司)因与被上诉人国通信托有限责任公司(以下简称国通公司),原审被告武汉上善至高置业集团有限公司(以下简称上善至高公司)、湖北鼎创实业集团有限责任公司(以下简称鼎创公司)、陈某某、刘某借款合同纠纷一案,不服湖北省高级人民法院(2018)鄂民初51号民事判决,向最高人民法院提起上诉。

缤购城公司上诉请求:(1)撤销一审判决第1项,改判确定实际的借款本金;(2)本案上诉费用由国通公司承担。

事实和理由:(1)缤购城公司与国通公司之间的借款总额为38,591.75万元,而非50,000万元。一审将涉案11,258.25万元增资款认定为借款不当。①本案中,第1至3期信托资金51%增资款部分计11,258.25万元系国通公司对缤购城公司的增资,该增资经过法定程序,由会计事务所出具了验资报告。另150万元系国通公司直接支付给上善至高公司的股权转让款,国通公司已取得相应的股权并办理工商变更登记。缤购城公司工商登记信息显示,国通公司截至目前仍持有缤购城公司93.07%的股权,并未办理股权退出或减资手续。且缤购城公司章程和涉案《增资协议》中均约定“只有国通公司参与,方可召开股东会”,“国通公司可对股

东会决议享有一票否决权”，缤购城公司后续经营过程中遵照上述约定执行，这表明国通公司系缤购城公司的实际股东，而非名义股东。②争议的 11,408.25 万元款项无论是从内部关系还是从外部关系来讲，都不应认定为“名股实债”。从内部关系来看，双方在最初签订一系列《借款合同》《增资协议》时有借款的意思表示，但增资行为经工商变更登记后，在缤购城公司后续经营管理过程中，国通公司已通过控制股东会、董事会、公章、财务，拟转让股权且至今仍继续持有股权等行为否定了最初的借款意思表示。从外部关系看，“名股实债”是当事人之间的内部约定，依据《公司法》第 32 条第 3 款规定，第三人不受当事人之间的内部约定约束。而缤购城公司债权人众多，如果国通公司主张“名股实债”的债权获得偿还，公司注册资本为虚构，本案的处理结果涉及缤购城公司所有债权人的利益，故应适用公司外观主义原则，保护案外第三人对股东名册记载、管理机关登记公示内容的合理信赖利益。(2)一审判决第 1 项对借款本金的认定错误，直接导致对缤购城公司是否存在违约行为、下欠本金数额、是否逾期支付利息、《借款合同》能否提前到期以及后续利息计算方式等一系列事实认定错误。(3)一审适用法律错误。国通公司与缤购城公司一系列增资、借款等行为，除应适用《民法总则》《合同法》等相关法律外，基于国通公司已实际取得缤购城公司股东身份，法院裁判还应适用《公司法》及相关司法解释的规定，一审脱离《公司法》相关规定谈各方的真实意思表示以及一系列协议的效力、“名股实债”的效力，必然导致本案事实和法律关系认定错误。

国通公司辩称：(1)从缤购城公司和国通公司以及其他当事人之间的协议安排的角度来看，各方当事人均确认了 11,408.25 万元的资金属于“名股实债”的借款资金。(2)从各方当事人对缤购城公司前三期 11,258.25 万元对应的股权收益条款的约定，以及缤购城公司实际还款行为来看，也符合各方“名股实债”的约定。(3)《〈增资协议〉之补充协议》第 5 条虽约定，国通公司除了固定利润分配外，还有权按其投资获取利润，但该条款仅是针对涉案 150 万元。且实际上国通公司也没有在固定回报之外收取所谓的股权收益。(4)缤购城公司所称相关股权变更已经办理工商登记等情况，均不能否认涉案款项“名股实债”的性质。综上，请求驳回上诉，维持原判。

**【案件争点】**

涉案 11,258.25 万元款项的性质应如何认定。

**【裁判要旨】**

最高人民法院认为：对于涉案 11,258.25 万元的性质，缤购城公司上诉主张该笔款项应为增资款而非借款。法院认为,缤购城公司的该主张不能成立,具体理由为:该笔款项虽系基于涉案《增资协议》《〈增资协议〉之补充协议》的约定支付,但对于款项性质的认定,不能仅依据协议名称进行判断,应根据合同条款所反映的当事人真实意思,并结合其签订合同真实目的以及合同履行情况等因素,进行综合认定。首先,根据《增资协议》第7.1条、第7.2条、第7.3条等条款的约定,本案中,国通公司签订上述协议的目的是通过向缤购城公司融通资金而收取相对固定的资金收益,这与一般意义上为获取具有或然性的长期股权收益而实施的增资入股行为并不相同。缤购城公司虽称,根据涉案《〈增资协议〉之补充协议》第5条的约定,除固定利润之外,国通公司还有权按其投资获取利润,但该《〈增资协议〉之补充协议》第5条约定是以"《股权投资协议》约定为准",而《股权投资协议》仅涉及第4期信托计划项下的150万元款项,而涉案11,258.25万元系第1至3期信托计划项下款项,两者并非同一笔,故根据《〈增资协议〉之补充协议》第5条的约定,并不足以认定国通公司向缤购城公司汇入涉案11,258.25万元的目的系获得股权分红而非固定回报。其次,国通公司虽经工商变更登记为缤购城公司股东,但缤购城公司并未举证证明国通公司实际参与了缤购城公司的后续经营管理。且根据涉案《增资协议》第10.3.4条、第10.3.5条以及第10.3.10条的约定,国通公司有权在缤购城公司违约的情形下将其所持有的股权对外转让、申请减资、处置涉案项目等,故缤购城公司主张涉案《增资协议》《〈增资协议〉之补充协议》并未约定股权退出机制与事实不符,缤购城公司据此主张涉案款项并非借款亦依据不足,法院不予支持。同时需要指出的是,因本案系涉案协议各方当事人之间的内部纠纷,相关权利义务需要根据协议约定进行确认。但在国通公司未通过法定程序完成股权退出之前,因内部约定并不具有外部效力,如存在善意第三人基于信赖缤购城公司对外公示的股权结构、工商登记信息而导致利益受损的情形,其可以通过诉讼另案解决。但缤购城公司以可能涉及外部关系为由主张一审判决有误依据不足,法院不予支持。再次,对于涉案款项的性质,缤购城公司不仅在涉案《债权确认协议》中认可"国通公司依据《增资协议》对缤购城公司享有的金额至少为11,408.25万元的债权",且在(2016)鄂01民初5905号案件庭审中也认可"增资扩股争议的标的额11,258.25万元加上150万元全部汇入了公司。目前,"我们增资扩股争议的标的额全部通过还款形式还给国通公司","确认实际上属于名股实债的关系"。本案中,缤购城公司又主张上述款项系增资款而非借款,与前述协议约定以及在另案中所作的陈述均不一致。在缤购城公司未能举证证明涉案《债权确认协议》存在无效情形的情况下，其作为《债权确认协议》一方当事人，应受到该协议的约束。最后，根据一审查明事实，涉案11,258.25万元作为第1至3期信托计划项下款项，缤购城公司已经偿还完毕，国通公司在(2016)鄂01民初5905号案件中对此也予以认可。同时，国通公司明确表示其提起本案诉讼所主张的债权并不包括该11,258.25万元款项，而除了涉案11,258.25万元以及150万元之外，本案所涉款项均非基于《增资协议》《〈增资协议〉之补充协议》《股权投资协议》而发生，缤购城公司、国通公司对除涉案11,258.25万元以及150万元之外的其他款项系借款性质也并未表示异议，在该11,258.25万元已经清偿完毕的情况下，缤购城公司又提出该笔款项并非借款，并要求对借款本金及利息重新计算，缺乏依据，法院不予支持。

## 例案二 | 黑龙江万琨文化传播有限公司、唐某某民间借贷纠纷案

**【法院】**

黑龙江省哈尔滨市中级人民法院

**【案号】**

(2019)黑01民终4970号

**【当事人】**

上诉人(一审被告)：黑龙江万琨文化传播有限公司

被上诉人(一审原告)：唐某某

一审被告：刘某

一审被告：邓某

**【基本案情】**

唐某某向一审法院起诉请求：(1)黑龙江万琨文化传播有限公司(以下简称万琨公司)给付唐某某借款40万元及利息(自2015年7月7日至实际给付日止，按年利率15%计算)；(2)刘某、邓某对上述借款承担连带给付责任；(3)案件受理费、保全费3513.33元由万琨公司承担。

经一审法院查明，刘某、邓某均系万琨公司的股东。2015年7月6日唐某某(乙方)与万琨公司(甲方)及刘某(丙方)签订《黑龙江万琨文化传播有限公司定向增发协议书》，约定：丙方系甲方的现有股东，甲方于2015年7月召开临时股东会，会议决议通过了《公司以定向的方式增加注册资本的议案》，拟采用定向增发的方式扩充股本，乙方已详细了解甲方的增资方案，同意按本协议约定的条件、金额及

价格,认购甲方本次定向增发的股份,甲方本次拟定向募集发行股份,乙方认购本次定向募集股份40万股,甲方乙方同意本次定向募集股份的价格为每股1元,认购总金额为40万元,乙方认可甲方于2016年在上海股权托管交易中心E版挂牌上市的上市规划,在甲方未能完成本条第1款约定时,乙方有权以15%的年收益率选择向甲方创始股东刘某转让乙方在本次投资中购得的甲方全部股权,甲方创始股东必须按照乙方的要求予以全部购入,甲方股东对上述回购义务互相承担连带担保责任,甲方对股东回购价款的义务承担连带担保责任,回购价格40万元。合同签订后,唐某某于2015年7月6日向万琨公司交纳40万元。2018年8月31日,万琨公司及刘某为唐某某出具收条,载明:刘某同意在半个月内支付唐某某退还股权认购款40万元。万琨公司并未在工商机关办理股东变更登记。因万琨公司2016年至今没有上市,唐某某向万琨公司要求返还40万元,2018年9月24日万琨公司给付唐某某89,500.00元后余款一直未返还。

一审法院判决万琨公司返还唐某某本金及利息,刘某对上述款项承担连带给付责任。

万琨公司不服一审判决,向黑龙江省哈尔滨市中级人民法院提出上诉,请求改判驳回唐某某的诉讼请求。黑龙江省哈尔滨市中级人民法院审理后作为二审判决,驳回上诉,维持原判。

**【案件争点】**

万琨公司是否应当返还唐某某投资款并支付利息。

**【裁判要旨】**

唐某某与万琨公司、刘某签订的《黑龙江万琨文化传播有限公司定向增发协议书》系各方真实意思表示,合法有效。在该协议书中协议各方并没有对唐某某投资40万元后是否对公司享有经营管理权作出约定。在协议书履行过程中,唐某某也未享有且实际参与对万琨公司的经营管理。截至唐某某提起本案诉讼时,万琨公司关于股东、股权的工商登记亦未发生变更。故二审法院确认唐某某向万琨公司投资40万元的真实目的并非取得万琨公司股权,而仅是为了获取固定收益。因此,本案符合"名股实债"的法律特征,唐某某对万琨公司40万元的投资应为债权投资,投资人唐某某应视为万琨公司的债权人。唐某某在一审庭审时明确诉讼请求为要求万琨公司给付唐某某借款40万元并参照协议书中15%年收益率给付利息,一审法院予以支持并无不当。万琨公司关于唐某某应承担投资风险与万琨公司共负盈亏的上诉主张不能成立,二审法院不予支持。

关于刘某对案涉债务及利息是否应承担连带给付责任的问题。一审法院判决刘某对案涉债务及利息应承担连带给付责任，刘某并没有提出上诉，应视为其服从一审判决。万琨公司上诉主张刘某不承担连带责任，于法无据，二审法院不予支持。

综上所述，万琨公司的上诉请求不能成立，应予驳回；一审判决认定事实清楚，适用法律正确，应予维持。依照《民事诉讼法》第 170 条第 1 款第 1 项规定，判决：驳回上诉，维持原判。

## 例案三 | 吉林省浩鑫农牧集团有限公司与杨某某民间借贷纠纷案①

**【法院】**

吉林省长春市双阳区人民法院

**【案号】**

(2018)吉 0112 民初 2031 号

**【当事人】**

原告：杨某某

被告：吉林省浩鑫农牧集团有限公司

**【基本案情】**

杨某某一审诉称，2016 年 1 月 22 日，杨某某与吉林省浩鑫农牧集团有限公司（以下简称浩鑫公司）签订《协议书》，约定杨某某向浩鑫公司投资人民币 130 万元整；投资周期为 2 年；投资年固定收益 15%；投资期限届满浩鑫公司未上市的，杨某某有权要求收回全部投资资金，若浩鑫公司因此违约造成杨某某不能如期收回资金，则须承担违约资金每天 2‰的违约责任。合同签订后，杨某某依约将投资款汇入浩鑫公司指定账户，投资期限内浩鑫公司没有给付杨某某任何投资收益。截至 2018 年 1 月 21 日，案涉合同约定的投资期限已经届满，浩鑫公司未能成功上市，杨某某多次要求浩鑫公司返还投资本金 130 万元及固定收益人民币 39 万元（两年，年利率 15%），浩鑫公司仍不履行义务，构成违约。故杨某某诉至一审法院，请求浩鑫公司给付投资本金及固定收益，并支付违约金。

① 本案一审判决后，浩鑫公司不服一审判决向吉林省长春市中级人民法院提出上诉，该院于 2019 年 8 月 28 日作出二审判决，驳回上诉，维持原判。

浩鑫公司辩称:第一,杨某某已经是公司的实际出资人,名义持股人是北京实创财通投资基金管理有限公司,杨某某的债权已经转化为股权,其无权再向浩鑫公司主张借款及相关的权利,根据法律的规定,应当驳回杨某某的诉讼请求。第二,按投资协议杨某某投资130万元,已经变成股权,无权进行主张。

一审法院经审理查明,杨某某经浩鑫公司设在北京的办事处介绍,分别于2013年12月6日向浩鑫公司投资10万元,2014年6月6日向浩鑫公司投资20万元,2015年11月2日向浩鑫公司投资100万元,共计投资130万元,截至2016年年初,杨某某未得到浩鑫公司承诺的投资回报。2016年1月22日,杨某某与浩鑫公司签订协议书,合同主要条款为:(1)杨某某同意将自己合法拥有的资金130万元投资于浩鑫公司作为"浩鑫农牧集团农牧业经济产业园"建设发展专项资金;(2)投资周期为2年,自2016年1月22日至2018年1月21日;(3)投资周期内分红收益为每年15%,每6个月分红1次;(4)投资周期内或届满时,若浩鑫公司顺利上市,浩鑫公司同意杨某某凭《股权登记证书》按1元/股将投资资金转为浩鑫公司股权认购资金;(5)投资周期届满时,浩鑫公司未能实现上市,杨某某有权自行决定是否收回投资资金,若浩鑫公司因此违约造成杨某某不能如期收回投资资金,则须承担违约资金每天2‰的违约责任;(6)为了规避出资人的风险,浩鑫公司同意以集团公司及其子公司全部资产及项目开发权为本协议涉及的违约责任做全程风险质押。合同签订后,浩鑫公司未按合同约定为杨某某分红。2017年1月1日,杨某某作为甲方与浩鑫公司的股东之一北京实创财通投资基金管理有限公司签订《委托代持协议书》,约定:鉴于杨某某是标的公司浩鑫公司的股权投资人,为简化公司的股权结构,便于公司的日常管理,现委托乙方代为持有标的公司股权、行使股东权利、履行股东义务。合同签订后,浩鑫公司对《委托代持协议书》进行了确认。在投资周期内,浩鑫公司没有给付杨某某任何固定收益,投资期满后,杨某某要求收回投资款及收益,浩鑫公司没有给付。2018年9月3日,杨某某委托律师向浩鑫公司寄发了律师函,要求其履行合同义务,向北京实创财通投资基金管理有限公司寄发了关于解除《委托代持协议书》的通知函,于2018年9月26日诉讼至法院。

**【案件争点】**

浩鑫公司是否应返还杨某某借款本金及利息。

**【裁判要旨】**

杨某某、浩鑫公司双方签订的协议书,名义上为投资关系,实为借贷关系。一是双方约定杨某某投资浩鑫公司给付固定回报,无论浩鑫公司亏损与否,都与杨某某无关，在协议书第3条“投资周期内分红收益为每年15%，每6个月分红1次”有约定。二是双方未约定风险承担，而是浩鑫公司自担风险，在协议书第6条“为了规避出资人的风险，乙方同意以集团公司及其子公司全部资产及项目开发权为本协议涉及的违约责任做全程风险质押”进行了约定。三是杨某某投资以后，浩鑫公司没有将杨某某列入股东名册，对杨某某持有公司多少股份、每股多少没有明确，没有修改公司章程、没有办理股权变更登记等。四是杨某某不享有参与浩鑫公司企业经营管理的权利。五是杨某某虽然与浩鑫公司的股东之一北京实创财通投资基金管理有限公司签订《委托代持协议书》，但该协议形成前杨某某对浩鑫公司并未形成股权投资，杨某某与北京实创财通投资基金管理有限公司签订《委托代持协议书》不能改变杨某某债权投资性质，该《委托代持协议书》对杨某某持有公司多少股份、每股多少亦没有明确，浩鑫公司亦没有修改公司章程、没有办理股权变更登记等，况且，杨某某已经就《委托代持协议书》向北京实创财通投资基金管理有限公司发函，通知其解除委托代持关系，该公司收到通知函，《委托代持协议书》应予解除。综上所述，本案杨某某、浩鑫公司双方应为民间借贷关系。合法的借贷关系受法律保护，浩鑫公司欠款逾期不还构成违约，应当承担违约责任偿还欠款及利息。浩鑫公司欠杨某某借款本金130万元，按双方约定借期内利息为年利15%，截至2018年1月21日，利息为39万元。双方约定的逾期违约金超过年利率24%，杨某某主张按年利率24%计算应予支持，但应按130万元基数计算。对浩鑫公司辩解意见不予采纳。依照《合同法》第107条、第196条、第197条、第206条、第207条、第210条、第410条，《最高人民法院关于审理民间借贷案件适用法律若干问题的规定》第26条第1款、第29条第1款、第30条之规定，判决：浩鑫公司偿还杨某某借款本金130万元及借期内利息39万元，并从2018年1月22日起以130万元为基数按年利率24%计算利息至给付完毕止。

## 三、裁判规则提要

### （一）案件争议焦点

投资，是指特定经济主体为了在未来可预见的时期内获得收益或使资金增值，在一定时期内向一定领域投放足够数额的资金或实物的经济行为。以融资过程中公司与投资者所形成的法律关系的不同来划分，公司融资方式可以分为股权融资与债务融资。从投资者的角度来说，投资则可以划分为股权投资与债权投资。股权投资中，投资款转化为股东对公司的出资，成为公司的自有资金；而在债权投资中,相应资金为公司的借款,公司到期应当还本付息。在实践中,由于受法律知识不足、投资流程不规范等诸多因素的影响,当事人之间可能会就投资人的"投资款"究竟属于股权投资还是债权投资产生争议,成为此类案件审理中的争议焦点。

对于股权投资与债权投资的区分,应当注意把握以下几点:

第一,投入主体在公司经营过程中的地位不同。股权投资中,投资主体即为公司的股东,其可以直接或间接参与公司的经营管理,依法享有获得资产收益、参与重大决策和选择管理者等权利。但是,在债权投资中,投资者作为实际债权人,仅享有请求借款人到期还本付息的权利,不享有对公司经营管理的决策权等。

第二,投入主体的风险及收益不同。股权投资中,有限责任公司的股东以其认缴的出资额为限对公司承担责任,股份有限公司的股东以其认购的股份为限对公司承担责任。也就是说,投资者需要承担企业经营管理中产生的风险,并以出资为限承担损失。但若公司经营良好,股东同样可能取得超额的收益。但是,在债权投资中,公司经营状况的好坏与债权投资人并无直接联系,其按照约定享有投资收益。

第三,投资后的法律后果不同。股权投资中,股东不得随意撤回投资,否则可能会构成抽逃出资行为,公司减资必须经过法定程序。在债权投资中,投资期限届满后,债权人有权随时要求借款人偿还资金及利息。

### (二)案件裁判思路

审判实践中,此类案件可以大致划分为两种类型:一种是公司及股东外的第三人对公司进行投资,各方当事人对投资款的性质产生争议;另一种是公司股东在认缴出资或认购股份之外对公司进行投资,各方当事人对投资款的性质产生争议。虽然两类案件表现形式不同,但是争议焦点是一致的。对于涉案"投资款"的性质,不应仅局限于公司工商登记的情况或各方当事人签订合同的名称来进行判断,而应当根据当事人签订合同的真实目的,以合同约定的具体权利义务内容以及实际履行情况来综合认定法律关系的性质。

对于公司及股东以外的第三人对公司进行投资类案件的认定,实践中主要依据以下几点:第一,合同中是否约定了到期偿还本金的条款;第二,投资者的收益是否与公司业绩相关挂钩,即投资者是否享有固定收益;第三,投资者是否实际参与公司的经营管理,对公司经营事务是否享有决策权;第四,投资者是否被载入公司的股东名册、是否将投资者登记为公司的股东,或者是否与公司登记的股东之间存在股权代持关系。对于上述几点，在审判实践中均不宜仅以其中某一点作为认定依据，而应当综合进行判断。

对于公司股东在认缴出资或认购股份之外对公司的投资的认定，除了需综合考虑前述前三点之外，还应当特别注意以下几点：第一，若款项为股东对公司的出资，即增加公司的注册资本，属于需要股东（大）会决议的事项，并且属于必须经代表2/3以上表决权股东通过的事项。第二，公司增加注册资本的，应当在变更决议或者决定作出之日起30日内申请变更登记。第三，股东增加出资的，公司应当向股东出具相应的出资证明材料。根据上述内容，若股东对公司增加的"投资款"不满足增加公司注册资本的要件，则应当考虑股东增加的"投资款"是否为对公司的债权投资。

（三）法理分析

根据对检索案例的分析可以发现，实践中对于投资回报不与公司经营业绩挂钩、投资人不参与公司具体的经营管理、公司或股东向投资人提供保本保收益承诺的投资形式，即便投资人具有名义上的"股东"身份，或者双方签订的协议采用"股权转让协议""增资协议""股权投资协议"等具有股权投资性质的表述，亦应当根据实际投资情况，认定为债权投资，而非股权投资。因为从投资目的来看，这类投资的投资者投入资金的目的不在于取得公司股权、参与公司经营，而仅是为了获取固定收益，这违背了股权投资中投资主体之间"共同出资、共同经营、共担风险、共享收益"的基本特征。

在实践中，对于"到期偿本付息"的形式，也不仅限于约定固定的收益率，在投资者具有"股东"身份外观的情况下（如被登记为公司的股东或与其他股东签订股权代持协议），双方可能通过约定股权回购条款、第三方收购条款、定期分红或对赌等形式，实现投资者"保本获利"的目的。因此，即便投资者"具有股东身份"，也应当对其投资行为进行实质性审查，若其满足债权投资的特征，则即便投资者被登记为股东，也应当认定其投资为债权投资。

综上，在审判实践中，对于股权投资与债权投资的认定，不应仅依据其外观形式进行判断，而应当结合外部登记、投资人参与公司经营情况以及获取收益情况进行综合判断。另外需要说明的是，笔者在案例检索过程中发现，对于股权投资与债权投资的认定问题不仅存在于对公司的投资中，亦大量存在于对合伙企业的投资中，虽然企业性质不同，但是对涉及合伙企业的投资性质进行判断时，同样可以参考适用该条裁判规则。

## 四、辅助信息

**高频词条:**

**《公司法》**

**第三十一条** 有限责任公司成立后,应当向股东签发出资证明书。

出资证明书应当载明下列事项:

(一)公司名称;

(二)公司成立日期;

(三)公司注册资本;

(四)股东的姓名或者名称、缴纳的出资额和出资日期;

(五)出资证明书的编号和核发日期。

出资证明书由公司盖章。

**第三十二条** 有限责任公司应当置备股东名册,记载下列事项:

(一)股东的姓名或者名称及住所;

(二)股东的出资额;

(三)出资证明书编号。

记载于股东名册的股东,可以依股东名册主张行使股东权利。公司应当将股东的姓名或者名称向公司登记机关登记;登记事项发生变更的,应当办理变更登记。未经登记或者变更登记的,不得对抗第三人。

**第四十三条** 股东会的议事方式和表决程序,除本法有规定的外,由公司章程规定。

股东会会议作出修改公司章程、增加或者减少注册资本的决议,以及公司合并、分立、解散或者变更公司形式的决议,必须经代表三分之二以上表决权的股东通过。

**《公司登记管理条例》**

**第三十一条** 公司增加注册资本的,应当自变更决议或者决定作出之日起30日内申请变更登记。

公司减少注册资本的,应当自公告之日起45日后申请变更登记,并应当提交公司在报纸上登载公司减少注册资本公告的有关证明和公司债务清偿或者债务担保情况的说明。

**《民法典》**

**第六百六十七条**　借款合同是借款人向贷款人借款，到期返还借款并支付利息的合同。

**《最高人民法院关于审理民间借贷案件适用法律若干问题的规定》**

**第一条**　本规定所称的民间借贷，是指自然人、法人和非法人组织之间进行资金融通的行为。

# 公司股东权利行使与责任案件裁判规则第3条:

## 有限责任公司的实际出资人请求登记为公司股东的,需经其他股东过半数同意。实际出资人举证证明其他股东对其实际出资知情,且对其实际行使股东权利未提出异议,其他股东抗辩不同意变更登记该实际出资人为公司股东的,人民法院不予采纳抗辩意见

〔**规则描述**〕:有限责任公司实际出资人欲显名,取得股东资格的,应当提供证据证明其有出资意愿并有对应的出资,同时公司其他股东对出资事实知情且同意。同意应做扩大理解:包括明示的同意及默认同意,实际出资人能够证明在合理期限内实际出资人参与公司经营、享受股东权利,其他股东未提出异议,则也可以要求登记为公司股东。根据现行审判规则,实际控制人履行出资义务且在经营过程中已经获得其他股东认可,不应当在主张显名登记时加重实际出资人的证明要求。合理科学分配隐名股东和其他股东之间的举证责任,综合判断股东的真实意思表示,提高了规则的可操作性,实现了实际出资人权利保护和公司人合性及信赖利益保护的平衡。

### 一、类案检索大数据报告

截至2020年4月17日,以“实际出资人”“确认股东资格”“过半数知情并同意”为关键词,通过Alpha案例库共检索到类案296件,经逐案阅看、分析,与本规则关联度较高的案件共有113件。因其中存在同一案件的一审、二审、再审裁判,严格意义上应将其认定为一起案件,同时还有多名实际出资人基于同一份代持协议或统一组织的股权转让代持行为而起诉要求显名的,实质上争议的焦点问题是相同的,故剔除前述情形后,实际共有73件案件。整体情况如下:

从类案地域分布看,涉案数最多的地域是广东省,共13件;其次是山东省,共7件。

从类案结案时间看,最多的年份是2019年,共有21件;其次为2018年,共有18件。

从案件经历的审理程序看,只经过一审程序的共计33件,经过一审、二审两审

程序的共计36件，经过一审、二审及再审程序的共计4件（如图3-1所示）。

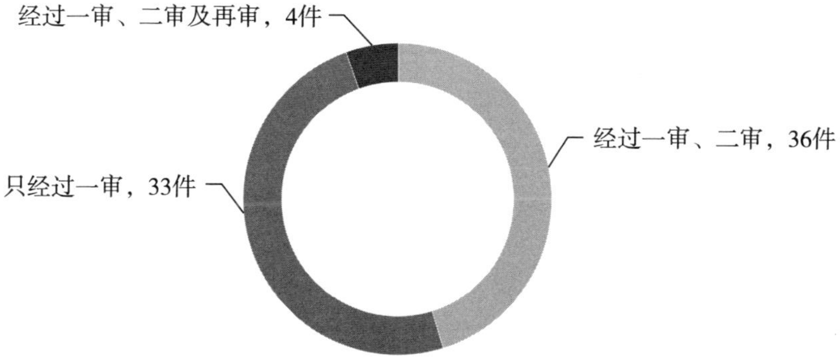


**图3-1　类案经过的审理程序**

## 二、可供参考的例案

### 例案一　蔡某某与珠海市香洲区珠洲消防工程有限公司、珠海市珠洲消防器材厂工会委员会股东资格确认纠纷①

**【法院】**

广东省珠海市中级人民法院

**【案号】**

（2015）珠中法民二终字第213号

**【当事人】**

上诉人（一审被告）：珠海市香洲区珠洲消防工程有限公司、珠海市珠洲消防器材厂工会委员会

被上诉人（一审原告）：蔡某某

**【基本案情】**

上诉人珠海市香洲区珠洲消防工程有限公司（以下简称消防公司）、珠海市珠洲消防器材厂工会委员会（以下简称消防厂工会）因与被上诉人蔡某某股东资格确认纠纷一案，不服珠海市香洲区人民法院（2014）珠香法湾民二初字第607号民事判决，向广东省珠海市中级人民法院上诉。

消防公司系科汇集团下属企业，蔡某某等人原系该公司员工，1999年1月6

---

① 通过Alpha案例库、中国裁判文书网查询检索，本案仅有二审判决书，没有一审判决书。

日,珠海市香洲区体制改革办公室下达珠香企改(1999)02号《关于珠海市珠洲消防器材厂区属资产产权转让问题的通知》注明,“按省、市和区有关企改文件的规定,经研究,同意珠海经济特区科汇企业集团有限公司以2,447,570.88元的价格将区属资产转让给珠海市珠洲消防器材厂员工集体”。1997年7月14日、1998年11月6日,消防公司向蔡某某出具收款收据并加盖财务专用章,确认收到蔡某某购现金股10,000股。当事人皆表示,当时上述出资系购买科汇集团改制股份,后来科汇集团没有改制就把钱退回消防公司,消防公司改制时将其作为蔡某某等91人的出资。消防公司1999年4月21日工商变更登记档案记载:公司注册资本为1,224,300元,公司股东或者发起人为赖某某和消防厂工会。

2012年11月2日,消防公司在报上刊载召开股东会的通知,其内容为:我公司定于2012年11月18日上午9时,在我公司会议室召开2012年度股东大会,请各出资股东携带身份证及出资收据准时出席。在一张日期为2012年11月18日登记有蔡某某在内共38人的会议签到表中,有蔡某某在表格“签名”一栏签名。蔡某某主张上述会议即为登报公告的股东会,该股东会未形成任何决议,这是迄今为止召开的唯一一次股东会。

消防公司2004年9月3日工商变更登记档案显示,原赖某某的股权变更至第三人蓝某某名下,法定代表人由赖某某变更为赖某,赖某系赖某某、蓝某某夫妻的儿子。诉讼过程中,消防公司、消防厂工会与登记股东蓝某某对蔡某某获得股东资格表示反对,称不认可蔡某某的股东资格。

**【案件争点】**

1. 蔡某某与消防厂工会是否属于代持股关系?

2. 登记股东诉讼过程中对隐名股东获得股东资格表示反对,人民法院是否可以支持?

**【裁判要旨】**

(1)关于蔡某某与消防厂工会的关系。蔡某某解释,工商登记与改制文件的不同是由于:90名员工如果登记为股东,则与《公司法》规定的有限责任公司50名股东的人数限制不符,所以改由消防厂工会代持股。蔡某某的解释与消防公司称“原告是由消防厂工会法人持股下工会成员内部的出资关系”的答辩吻合(消防厂工会全部出资与蔡某某在内的90名员工的出资共520,000元一致),更有蔡某某实际出资情况及上述文件中“现因按《公司法》的规定进行工商变更登记的需要,对珠香企改(1999)02号文件作补充说明”的内容为证,因此法院对蔡某某的解释予以采纳并认定蔡某某与消防厂工会的关系是实际出资人与名义出资人/名义股东的关系。

(2)关于隐名股东股东资格认定的问题。虽然《公司法解释三》第24条规定实际出资人显名要经过其他股东半数以上同意,但不能将该规定理解为必须限定在诉讼中征得其他股东同意,而应将公司经营期间其他股东是否已认可也作为审查基础。蔡某某与大股东赖某某皆是共同参加企业改制的职工,共同出资身份地位相同。不论是大股东、消防厂工会还是消防公司对此事实皆是明知的。而蓝某某作为赖某某的配偶和继承人,对职工出资入股的历史状况应当知晓,其继承的股份权利应以原股东权利为限。2012年11月18日消防公司发布《召开股东会的通知》,要求蔡某某作为出资股东参加股东大会,也表明消防公司与蓝某某等各方主体对蔡某某的实际股东身份知情、认可的事实,现消防公司、消防厂工会与第三人予以反对,实违诚实信用原则。故本案大股东在公司经营过程中已认可实际出资人的股东身份,蔡某某取得股东资格不因消防公司、消防厂工会与蓝某某在诉讼中表达反对意见而受到影响。

综上,一审法院判决登记在消防厂工会名下的股权归蔡某某所有。消防公司确认蔡某某的公司股东身份、签发出资证明书、记载于消防公司股东名册内并协助蔡某某在公司登记机关办理股权变更登记手续。二审法院维持了一审判决。

## 例案二 | 常州常申工程咨询有限公司、时某与沈某股东资格确认纠纷案

**【法院】**

江苏省常州市中级人民法院

**【案号】**

(2019)苏04民终4344号

**【当事人】**

上诉人(原审被告):常州常申工程咨询有限公司(原常州常申会计师事务所有限公司)

上诉人(原审第三人):时某

被上诉人(原审原告):沈某

**【基本案情】**

上诉人常州常申工程咨询有限公司(以下简称常申公司)、时某因与被上诉人

沈某股东资格确认纠纷一案,不服常州市钟楼区人民法院(2019)苏0404民初278号民事判决,向江苏省常州市中级人民法院提起上诉。

沈某一审起诉请求确认沈某为常申公司股东,出资额为6万元,占常申公司注册资本的7%,常申公司和时某协助将时某代持的股权变更至沈某名下,并办理股权变更登记。

法院经审理查明:常申公司系由江苏省财政厅审批设立的有限责任制事务所,法定代表人为荣某;第三人时某等5人为常申公司的发起出资人;沈某等21人为常申公司的一般出资人。常申公司1999年9月28日的公司章程载明:本所注册资本为150万元,本所股东分为发起股东和一般股东。本所发起股东为时某等5人,时某出资额为12万元,持股比例为8%。本所一般股东为沈某等21人。沈某的出资额为6万元,出资方式为现金39,000元、工资量化21,000元,出资比例为4%。股东个人认缴的现金出资额应在全体股东签订本章程后15日内缴资足额。本所在股东缴清其认缴的出资额,委托其他会计师事务所验证并领取法人营业执照后发给股东出资证明,同时备置股东名册予以记录。对于以下事项须经代表2/3以上表决权的股东通过:……(四)股东退出和加入……

1999年12月28日,常申公司登记设立。

2006年1月15日,沈某与时某签订股权转让协议,约定沈某将其在常申公司的出资额6万元转让给时某,受让方应支付给转让方的款额按股权自前述转让之日在常申公司的实际值计算,以现金形式一次支付完结,转让方在本协议规定的股权转让实施之日起,不再以其转让的股权对原公司承担责任。同年2月8日,沈某与时某及常申公司签订委托出资协议书,约定沈某为委托方(甲方),时某为受托方(乙方),常申公司为见证方,协议载明:“为使事务所的业务发展不因外部政策而受到重大影响,并且能稳定发展,甲方同意将持有的常申公司的股权名义上转让给乙方,即委托乙方代为出资,为切实维护和保障好全体出资人的合法权益,避免股权纠纷,就有关事项协议如下:(1)委托出资额为6万元,形式上由甲乙双方签订股权转让协议。(2)委托乙方出资后,甲方在常申公司中享有的所有权利及应承担的责任不变,乙方因事务所要求以股东名义在相关文件上签名及表决事项仅限于形式上的要求,无实质性的权利,否则为无效行为。(3)甲方有权在事务所规定时间内向乙方赎回股权,乙方应予以协助办理相关手续。(4)乙方因公司事务已经对外承担了股东责任,乙方有权向甲方追偿,但乙方未按甲方授权或表决意见行使权利所致的损失除外。(5)事务所作为保证人,为此事项见证并提供保证。”常申公司在该协议落款处见证方处盖章。同年2月15日，经工商登记变更，工商登记资料中不再显示沈某为常申公司股东。

2007年6月1日，时某向常申公司出具《委托付款书》1份，载明：为使事务所工程造价资质不受国家政策变化影响，本人受托进行出资，根据委托方与本人签订的委托出资协议书，现对每年公司分配的股息红利，扣除缴纳股息红利个人所得税后，由本人委托公司按照委托人委托出资比例，汇至其指定的银行卡（工资卡）。特此委托。

常申公司2013年3月22日、26日的股东会决议均载明应到股东6人，实到股东6人，代表100%表决权。全体股东签名处显示6股东中没有沈某。

2018年9月10日，沈某通过EMS向常申公司及时某发送《关于解除代持协议恢复股东身份的告知函》1份，告知函载明，2006年2月起，常申公司为使公司获取甲级工程造价审计资质，逐步开展了股东会员股权结构的对外形式调整，本人沈某与时某签订《委托出资协议》和形式附件《股权转让协议》，将本人拥有的常申公司全部股权转让给时某代持。上述《委托出资协议》对双方的权利义务作出明确规定，沈某在常申公司享有的权利及责任不变，时某仅限于形式上的要求，无实质性权利，常申公司也予以保证并见证了沈某原股东权利义务均不变。现因时某及常申公司在股权代持期间未能依约履行上述《委托出资协议》规定的义务，使沈某的股东权利受到严重侵害。本人在此根据我国相关法律的规定，解除上述《委托出资协议》及形式附件《股权转让协议》，时某和常申公司应在5日内将由时某代持的股权分别恢复到沈某名下，并办理工商变更登记手续。常申公司及时某于次日收取上述告知函。

2019年2月14日，另外4名发起股东出具《确认沈某股东身份和股东资格的说明》，载明：本人系常申公司的股东，现就沈某股东身份和股东资格事宜做如下说明：（1）沈某系常申公司的创始股东，后公司召开会议明确，因公司业务所需，在确保该人股东权利义务不变的情况下，公司安排该人分别于2006年和2008年将自己的股权交由公司其他股东时某代持，并在公司的保证和见证下与时某签订了《委托出资协议》。按照《委托出资协议》的约定，公司以及全体股东仍然始终确认沈某在常申公司的股东身份和股东资格，确认应当保证该人原股东权利义务不变。（2）鉴于沈某已经向人民法院起诉请求确认其股东资格，要求公司进行相关股东变更，向该人签发出资证明书、载于股东名册和公司章程并到工商机关进行显名登记，本人认为该人的要求合理合法，本人表示同意，没有异议。相关股东应当予以配合，公司应该予以立即办理。特此说明。

【案件争点】

1. 委托出资协议书的效力问题;

2. 沈某能否要求股东资格确认;

3. 沈某能否要求时某及常申公司进行变更登记。

【裁判要旨】

1. 根据《公司法解释三》第24条第1款的规定,有限责任公司的实际出资人与名义出资人订立合同,约定由实际出资人出资并享有投资权益,以名义出资人为名义股东,实际出资人与名义股东对该合同效力发生争议的,如无《合同法》第52条规定的情形,人民法院应当认定该合同有效。本案中,沈某与时某及常申公司订立的委托出资协议书系三方真实意思表示,协议内容不存在《合同法》第52条规定的情形,该院对该协议的效力予以确认。该协议在性质上属于委托合同。沈某将自己在常申公司处的股权委托给时某代为持有,沈某与时某之间形成委托持股关系。根据《合同法》第410条的规定,委托人或受托人可以随时解除委托合同。因此,沈某作为委托人可以随时解除其与时某之间的委托持股关系。至于时某是否存在违约行为,并非沈某行使解除权的前提。因沈某已于2018年9月10日向常申公司及时某发送了《关于解除代持协议恢复股东身份的告知函》,常申公司及时某于次日收取上述告知函,故案涉委托代持协议书于2018年9月11日解除。

2. 关于能否确认沈某系常申公司股东的问题。法院认为,可以确认沈某系享有常申公司4%股权的股东,理由如下:沈某在本案中提供的常申公司章程、委托出资协议书等证据及常申公司、时某庭审陈述,可以确认沈某系常申公司设立时登记的股东之一,沈某已向常申公司履行出资义务,沈某是常申公司的实际出资人。对于该事实,常申公司股东均知情且无异议。此外,沈某提供的税收完税证明及常申公司提供的时某出具的委托付款书可以证明沈某行使了常申公司股东权利,按时收取常申公司支付的股权分红款。

3. 关于沈某要求常申公司和时某协助办理将代持股权变更到沈某名下的相关手续的问题。根据《公司法解释三》第24条第3款的规定,实际出资人未经公司其他股东半数以上同意,请求公司变更股东、签发出资证明书、记载于股东名册、记载于公司章程并办理公司登记机关登记的,人民法院不予支持。就本案而言,沈某此前即为常申公司的股东,沈某名下的股权变更至时某名下是常申公司安排的集体行为,沈某与时某之间系股权代持关系而非股权转让关系,常申公司全体股东均知晓该事实，常申公司作为见证人及保证人在委托出资协议书上盖章确认，视为常申公司股东会认可。且因常申公司现在登记的6位股东中已有4位股东同意沈某变更登记常申公司为股东，本案符合法律规定的实际出资人登记为股东的法定条件，即经过半数以上股东同意。沈某主张常申公司及时某协助办理相关登记手续的请求应予支持。

综上，一审法院支持了沈某的诉讼请求，时某、常申公司不服提起上诉，二审法院驳回上诉。

## 例案三 | 天津虹联创业投资有限公司、天津安捷医院有限公司与韩某、马某等股东资格确认纠纷案[①]

**【法院】**

最高人民法院

**【案号】**

(2019)最高法民申2884号

**【当事人】**

再审申请人(一审原告、二审上诉人)：天津虹联创业投资有限公司

被申请人(一审被告、二审被上诉人)：天津安捷医院有限公司

被申请人(一审被告、二审被上诉人)：韩某某

被申请人(一审被告、二审被上诉人)：武某

被申请人(一审被告、二审被上诉人)：马某某

被申请人(一审被告、二审被上诉人)：唐某某

被申请人(一审被告、二审被上诉人)：马某

一审第三人：天津亚得置业发展集团有限公司

一审第三人：王某某

一审第三人：李某某

**【基本案情】**

再审申请人天津虹联创业投资有限公司(以下简称虹联公司)因与被申请人天津安捷医院有限公司(以下简称安捷医院)、韩某某等及一审第三人天津亚得置业

---

① 通过Alpha案例库、中国裁判文书网查询检索，本案仅有再审裁定书，没有一审、二审判决书。

发展集团有限公司、王某某、李某某股东资格确认纠纷一案,不服天津市高级人民法院(2018)津民终361号民事判决,向最高人民法院申请再审。

虹联公司申请再审的主要理由为:(1)有新的证据足以推翻原审判决。虹联公司提交的2017年安捷医院会议纪要、会议签到表、安捷医院股东名册、安捷医院出具的股东出资证明书、虹联公司工作人员与马某某及唐某某的聊天记录、唐某某委托书、转账支票存根、安捷医院分配给股东的管理费转账记录等新证据,证明虹联公司已经作为实际股东参与安捷医院的经营管理并行使股东权利,股东唐某某、马某某对该事实并未反对,表明认可虹联公司的股东身份。(2)原审判决认定的基本事实缺乏证据证明。生效判决已确认虹联公司与武某某(被申请人武某之父)签署的《委托持股协议》合法有效,虹联公司系安捷医院86%股权的实际所有人,故武某某去世后,该委托合同终止,武某某的继承人应配合将股权登记在虹联公司名下。原审认定武某某的继承人可以继承股权,这一认定缺乏证据证明。(3)原审判决适用《公司法解释三》第24条第3款的规定,判决驳回虹联公司的诉讼请求错误。本案中,虹联公司作为实际出资人,已经实际参与安捷医院的经营管理并行使股东权利,唐某某、马某某对此是知情并认可的,虹联公司在名义股东武某某去世的情况下主张显名有其合理性。原审法院以保护公司的人合性为由机械适用上述规定,驳回虹联公司诉讼请求错误,且实际上是放任小股东滥用权利。

安捷医院提交意见称:(1)虹联公司是安捷医院的隐名股东,其提交的新证据能够证明其依股东身份行使权利,安捷医院的其他股东对此知晓且同意。(2)武某某作为虹联公司的受托人,仅为代虹联公司持股的工商登记股东,并未实际行使股东权利,唐某某、马某某与武某某并不存在公司法意义上的股东关系。虹联公司与唐某某、马某某一直共同行使股东权利,具有公司法意义上的人合性。原审法院未查明该事实,适用《公司法解释三》第24条第3款规定错误。(3)原审判决认定武某某继承人可以继承股权,违反法律规定,且缺乏证据证明。综上,请求支持虹联公司的再审申请,依法再审本案。

唐某某、马某某提交意见称:(1)虹联公司主张唐某某、马某某知道且认可其为股东,与客观事实不符。(2)原审判决认定事实清楚。虹联公司与武某某签订的《委托持股协议》在武某某去世后对其继承人有效,继承人继承武某某的股东资格后未履行协议义务,虹联公司可追究继承人的违约责任。虹联公司以此为由主张原审判决认定事实错误,缺乏依据。(3)本案系虹联公司作为隐名股东提起的显名诉讼,原审法院适用《公司法解释三》第24条第3款的规定,适用法律正确。综上,请求驳回虹联公司的再审申请。

**【案件争点】**

虹联公司的显名诉请能否得到支持。

**【裁判要旨】**

根据原审查明的事实，安捷医院的登记股东为武某某（被申请人武某之父）、马某某、唐某某3人，其中武某某持股比例为86%，其于2013年去世。虹联公司称其与武某某签订《委托持股协议》，委托武某某代其持有安捷医院86%的股权。对于武某某代持股这一事实，本案并无证据证明安捷医院其他股东唐某某、马某某对此事先知情。而在虹联公司提起显名之诉后，该二人明确表示不同意虹联公司成为公司股东，也不同意办理股权变更手续。根据《公司法解释三》第24条第3款的规定，在安捷医院其他股东事先对武某某代持股事实不知情，事后又均反对虹联公司显名的情况下，自然谈不上其他股东过半数以上同意的问题。原审判决根据上述规定，判决驳回虹联公司的诉讼请求，适用法律并无不当。

虹联公司提交的2017年安捷医院会议纪要、会议签到表、安捷医院股东名册、股东出资证明书、虹联公司工作人员与马某某及唐某某的聊天记录、唐某某委托书、转账支票存根、安捷医院分配给股东的管理费转账记录等所谓的新证据，试图证明安捷医院其他股东马某某、唐某某知道其实际出资并参与安捷医院经营管理的事实。但是，会议纪要并无唐某某、马某某签字；虹联公司提到的所谓会议签到表、安捷医院股东名册，并未向法院提交；安捷医院出具的股东出资证明书，唐某某、马某某否认该证据的真实性，主张其并不清楚该事实，而虹联公司并未提交证据证明其二人知悉该出资证明书或者虹联公司实际出资的事实；至于虹联公司提交的其他新证据，也并不足以证明其实际出资并参与安捷医院经营管理的事实。鉴于虹联公司提交的所谓新证据既不足以证明安捷医院的过半数其他股东知道其实际出资的事实，也不足以证明其已经实际行使股东权利的事实，故其此项再审申请理由亦不能成立。

综上，最高人民法院驳回了虹联公司的再审申请。

## 三、裁判规则提要

《公司法解释三》第24条规定："有限责任公司的实际出资人与名义出资人订立合同，约定由实际出资人出资并享有投资权益，以名义出资人为名义股东，实际出资人与名义股东对该合同效力发生争议的，如无法律规定的无效情形，人民法院应当认定该合同有效……实际出资人未经公司其他股东半数以上同意,请求公司变更股东、签发出资证明书、记载于股东名册、记载于公司章程并办理公司登记机关登记的,人民法院不予支持。"该条对股权代持中实际出资人显名化作出严格限制,有其合理性,既遵循商事外观主义的公示公信原则,又维护了公司人合性及其他股东的信赖利益。应当正确理解其他股东对于实际出资人行使权利"同意"的表现形式,一方面对隐名股东形式上获得股东资格作出严格限制,另一方面维护实际出资人权益。

### (一)股权代持制度的产生及法律构建

股权代持行为本质是实际出资人和名义股东之间的合同行为,出于规避禁止性规定、股东人数限制、投资者自身情况等因素的考虑,订立代持协议,由他人代持股权。隐名股权显名类似于第三人进入公司内部参与经营,《公司法解释三》第24条第3款以股权转让的思路,以股权对外转让的立法逻辑构建显名化的路径。《公司法》第71条中对于股权转让的规定,一方面规定了积极要件即要求其他股东过半数同意并具有优先购买权,另一方面也规定了消极要件诸如"满三十日未答复、拒绝购买"等情况,以保护出让人及受让人权利。在司法审判中,如果对"其他股东过半数同意"的要件作出片面理解,要求必须获得其他股东主动、积极、明示的认可,则对实际出资人的利益保护显得不足。

### (二)实际出资人显名的利益冲突

实际出资人获得股东资格的限制旨在保护公司及股东的合法权益、保护善意第三人、维护公司人合性。

从商事外观主义原则来说,为保护交易安全,股东资格应当通过股东名册、工商登记、公司章程文件记载来确定,具有外观上的优先性,此类信息一经公示即具有公示公信力。股权代持关系中名义股东相对于实际出资人具有外观上的优先性,这符合商法中注重提高交易效率、保障交易安全的原则。

从有限责任公司人合性考虑,有限责任公司规模较小、股东之间具有较强的意志合意,股东直接参与公司管理、决定公司运作发展——所有权和经营权合一。股东之间基于对互相经营决策能力的信任,投资公司,参与经营。如果不能严格限制名义股东和隐名股东之间的权利让渡,有可能损害公司的人合性,损害其他股东利益。

根据现行司法解释及商事审判工作会议精神，对于实际出资人的权利保护及公司、其他股东保护的平衡，主要进行如下设计：(1)隐名股东实际履行出资义务，具有合法有效的代持协议；(2)公司其他成员对于隐名股东的身份明知；(3)其他股东明确表示同意隐名股东显明，或隐名股东参与公司经营管理、享受股东权利，其他股东对此明知且未提出异议。

(三)实际出资人显名的制度设计

根据《公司法解释三》对于股权代持行为的规定，对应的出资及合法有效的代持关系是主张权利的前提。代持关系受《民法典》规制，如果代持协议规避法律禁止性规定的，应属无效，隐名股东无权主张权益。协议内容涉及金融安全、市场秩序、国家宏观政策及公序良俗的，应当认定合同无效。对于隐名股东和显名股东之间，法院遵循契约自由和意思自治原则，只要代持股协议是双方真实意思表示，不违背法律规定、不对公司造成损害，应当认定代持协议有效。

对应的实缴出资是隐名股东表达投资意愿的表现，在显名主张中对于出资应当严格把握，否则能否显名、显名股权份额都将会受到影响。区分“隐名投资”和“借款投资”的关键是其他股东对于出资行为是否明知。司法实践中，实际投资人持有明确记载资金性质的“收据”，注明接收资金系股本款、投资款，则可以认定有限公司将该类款项作为“出资”接受而非“借款”。该类收据也视为实际出资人和公司之间对于出资事实与性质达成合意的协议。此外，隐名股东出资后并实际参与公司经营，可以推定为其他股东知道其出资事实。若仅有隐名出资但并未行使权利，隐名股东在公司内部不具有股东法律地位。

实际出资人最终获得股东资格需要“公司其他股东半数以上同意”，对此的理解也应当包括明示及默示的同意。明示同意时，往往会有股东会决议、书面同意回复函等文件。从默示同意的表现来看，如果其他股东知道隐名股东的存在或隐名股东事实上行使了股东权利，其他股东在一定合理期限内未提出异议，应视为确认，实际出资人符合登记成为股东的要件。

对于未参与经营的实际出资人，其他股东很难从公司日常运作和经营活动中知悉其存在，除非该出资人能够提供积极证据证明曾经明确告知半数以上股东或签订协议，否则应当承担举证不能的后果，视为半数以上股东不知晓其出资事实。对于参与日常经营管理的实际出资人，经营过程中其他股东可以推定为知晓并默认其存在，实际出资人可以通过制定和修改公司章程、参与出席股东会议、行使表决权、委派董事高管、由公司直接给予股权分红等方式,体现实际参与公司经营的实质要件。

若其他股东在公司经营过程中对实际出资人并未提出异议,在诉讼中明确表示反对。出于信赖保护的原则,为防止其他股东违反诚实信用原则故意反对将实际出资人登记为股东,此种行为系前后表述不一致,应当根据其他股东长期、连续的意思表示结合个案判断,综合实际出资人行使权利的方式、参与决策经营的紧密程度、与其他股东交流联系程度整体判断。

从举证责任分配来看,实际出资人需要证明其他股东过半数知晓其出资事实及半数以上股东未曾对其行使股东权利提出异议,包括积极事实和消极事实。前者可以提供代持文件、决策记录、转账凭证、聊天记录等证明。后者实际出资人无法直接证明,此时需提供其公开行使股东权利的状态一直持续的证明,如定期分配利润、派驻人员参与经营、出席股东会议。此时若其他股东提出抗辩,则应当承担曾经提出过反对意见的证据,举证责任由其他股东承担。

## 四、辅助信息

**高频词条:**

**《公司法解释(三)》**

**第二十四条** 有限责任公司的实际出资人与名义出资人订立合同,约定由实际出资人出资并享有投资权益,以名义出资人为名义股东,实际出资人与名义股东对该合同效力发生争议的,如无法律规定的无效情形,人民法院应当认定该合同有效。

前款规定的实际出资人与名义股东因投资权益的归属发生争议,实际出资人以其实际履行了出资义务为由向名义股东主张权利的,人民法院应予支持。名义股东以公司股东名册记载、公司登记机关登记为由否认实际出资人权利的,人民法院不予支持。

实际出资人未经公司其他股东半数以上同意,请求公司变更股东、签发出资证明书、记载于股东名册、记载于公司章程并办理公司登记机关登记的,人民法院不予支持。

# 公司股东权利行使与责任案件裁判规则第 4 条：
## 登记于公司登记机关的股东提起诉讼主张其被冒名登记为股东，人民法院应当结合公司设立背景，工商登记的情况，被出具名义者与公司、公司法定代表人、实际控制人等之间的关系等客观事实，综合认定原告是否知道或者应当知道“出具名义”的事实

〔**规则描述**〕：登记于公司登记机关的股东否认其具有公司股东身份主要有两个事由，一为“名义股东”，二为“被冒名股东”，在均存在出具名义这一客观事实的情况下，是否自愿出具名义是两者之间主要的区别。名义股东需要证明这种出具名义的自愿性，比如已签署股权代持协议；而冒名股东需要否认自愿性，比如提交身份证挂失证明等证据并由法院结合其他细节具体分析，在认定上存在难度。

### 一、类案检索大数据报告

截至 2020 年 4 月 27 日，以“冒用”“代持”“股权”为关键词，通过 Alpha 案例库及中国裁判文书网共检索到类案 322 件，经逐案阅看、分析，与本规则关联度较高的案件共有 30 件。因其中存在同一案件的一审、二审，严格意义上应将其认定为一起案件，同时还有同一主体因登记的股东身份而提起的多起诉讼，实质上争议的焦点问题是相同的，剔除前述情形后，实际共有 24 件案件。整体情况如下：

从类案地域分布看，涉案数最多的地域是江苏省，共 5 件，其次是上海市、山东省和广东省，均为 4 件，类案地域分布如图 4 - 1 所示。

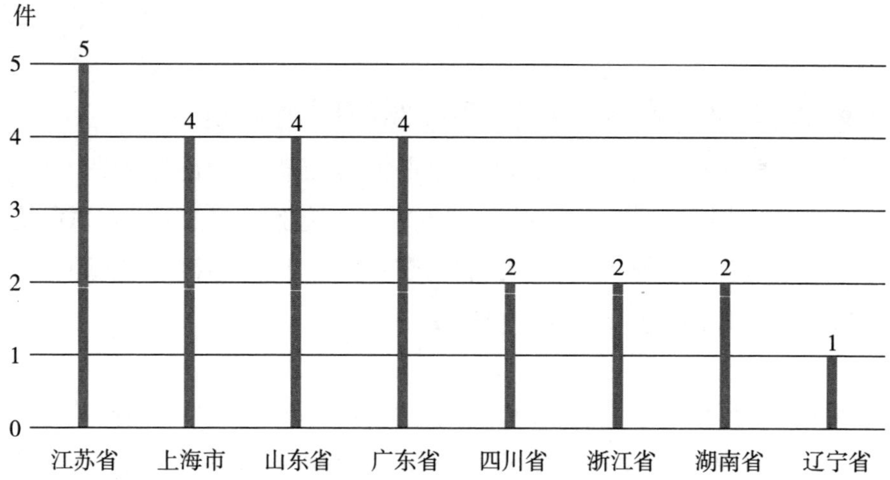


**图 4－1　类案主要地域分布**

从类案结案时间看,最多的年份是 2019 年,共有 11 件;其次为 2018 年,共有 6 件。

从案件经历的审理程序看,只经过一审程序的共计 9 件,经过一审、二审两审程序的共计 11 件,经过一审、二审及再审程序的共计 3 件,涉及执行异议程序的共计 1 件(如图 4－2 所示)。

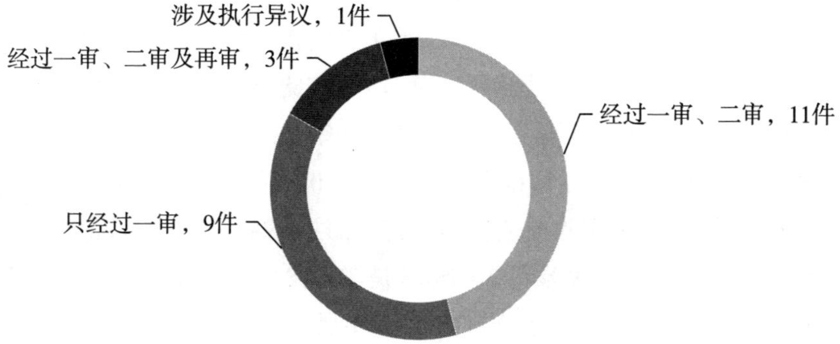


**图 4－2　类案经过的审理程序**

## 二、可供参考的例案

### 例案一｜赵某与上海厚福金融信息服务有限公司与公司有关的纠纷案

**【法院】**

上海市第二中级人民法院

**【案号】**

(2017)沪 02 民终 11609 号

**【当事人】**

上诉人(原审原告):赵某

被上诉人(原审被告):上海厚福金融信息服务有限公司

法定代表人:冯某某,总经理

原审第三人:冯某某

原审第三人:何某某

原审第三人:余某某

**【基本案情】**

赵某一审诉称:赵某通过第三人余某某认识冯某某。2013 年年底至 2014 年年初,冯某某以办理宽带需要上海户口人员的身份证为由将赵某的身份证借走,至于是上海厚福金融信息服务有限公司(以下简称厚福公司)还是冯某某办理宽带未告知赵某,赵某是基于信任才将身份证交给冯某某的。赵某从来没有同意成为厚福公司股东,并且对于成为厚福公司股东亦不知情。赵某也不认识厚福公司的另一股东何某某。2016 年 12 月,赵某被上海市杨浦区人民法院(2016)沪 0110 执××××、××××号执行裁定书以未对厚福公司实缴出资为由追加为被执行人对厚福公司所负他案债务承担连带责任并被限制高消费。至此,赵某才知晓其成为厚福公司登记股东。经赵某查询发现,厚福公司在工商行政部门留存的内档材料股东会决议中“赵某”的签名不是赵某本人签名,亦未在股东会决议上签名。故赵某提起诉讼,请求判令:(1)确认于 2014 年 3 月 10 日形成的厚福公司股东会决议不成立;(2)确认于 2014 年 8 月 5 日形成的厚福公司股东会决议不成立;(3)确认赵某不是厚福公司的股东。

厚福公司一审辩称:厚福公司或第三人冯某某从未用赵某的身份证办理过宽带业务。2014 年 3 月,余某某将赵某的身份证交给冯某某去办理被告公司注册。两份股东会决议系邮寄至原告,具体邮寄至赵某哪个地址不记得了,是否为赵某本人签名不清楚。厚福公司增资系余某某提议的。厚福公司系冯某某与余某某及案外人余某江共同设立,赵某系代余某某持股、何某某系代余某江持股;实际股东之间没有签订过协议,余某某、何某某也未实际参与厚福公司经营,亦未从厚福公司处分红,也未召开过股东会。

冯某某一审述称,同意厚福公司意见。

何某某一审述称,其不知晓厚福公司增资情况,同意增资无效。被告工商内档材料中"何某某"的签名均不是其本人签名。其不认识赵某,没有与赵某、冯某某共同成立厚福公司的意思表示。

余某某一审述称:第一,其对冯某某借用赵某身份证成立被告公司不知情,其系赵某姐夫。2012 年、2013 年左右,其经人介绍认识冯某某,此后其带赵某与冯某某吃过一次饭。2017 年 1 月,赵某不能购买飞机票,经查询才得知其作为厚福公司股东因被告不能执行被列入失信人名单,并将上述情况告知自己。其经回忆称:冯某某需办理后付费宽带曾向其询问赵某当时的户口是否在上海。对于是否将原告的身份证复印件交给过冯某某记不清了,但没有将赵某的身份证交给冯某某,更没有要求赵某将身份证借给冯某某成立被告公司。其对厚福公司的设立和增资完全不知情。第二,其不是厚福公司的股东,也没有通过赵某代持被告股权。其认识余某江,也认识何某某,但从未与厚福公司的股东签订过任何成立厚福公司的合作协议,也没有签署被告的任何设立文件、增资文件、股东会决议等,也没有为设立厚福公司的事宜去过工商局、招商办等场所。其没有向厚福公司缴纳出资、未从被告分红。如果其确实要投资,因赵某与其关系较近,也不可能找赵某代持股份。第三,其没有以股东身份参与厚福公司经营,没有出席厚福公司股东会。2016 年 1 月、2 月期间,冯某某要求其去厚福公司提建议,其每周去一至两天,做非正式的顾问,对厚福公司的一个促销平台提建议,原本冯某某称给其报酬,但其提出不要,并且最终也没有获得报酬。其对厚福公司经营不了解,也从未看过厚福公司情况、公司章程、财务报告等文件。

法院经审理查明:工商行政管理部门公示信息显示:(1)厚福公司于 2014 年 3 月 14 日成立,股东为赵某与冯某某、何某某,法定代表人为冯某某。(2)2014 年 3 月 10 日形成的厚福公司股东会决议载明决议如下:通过厚福公司章程、选举冯某某为第一届执行董事、选举何某某为第一届监事、同意设立厚福公司并拟向公司登记机关申请设立登记,以上事项表决结果同意的占总股数的 100%。上述决议下方有赵某与冯某某、何某某的签名。(3)2014 年 3 月 10 日形成的厚福公司章程载明,公司注册资本为 200 万元,赵某出资额为 40 万元、出资时间为 2019 年 3 月 30 日等。(4)2014 年 8 月 5 日,厚福公司形成股东会决议,载明决议如下:公司注册资本由原 200 万元增至 3000 万元;冯某某、何某某分别增加注册资本至 1200 万元,赵某增加注册资本至 600 万元,以上事项表决结果同意的占总股数的 100%。上述决议下方有赵某与冯某某、何某某的签名。(5)2014 年 8 月 5 日,冯某某签字确认厚福公司章程修正案，载明公司章程中公司注册资本从200万元变更为3000万元、赵某的出资额、出资时间变更为出资额600万元、出资时间2014年8月4日。

法院查明，赵某身份证仅曾于2015年在上海市用于办理电信宽带业务，厚福公司及第三人冯某某均未办理过电信宽带业务。

一审审理中，根据赵某申请，一审法院委托司法鉴定科学技术研究所司法鉴定中心对厚福公司工商登记材料中公司章程、2014年3月10日和8月5日的两份股东会决议等中“赵某”签名是否为赵某本人所签进行鉴定。2017年9月15日，司法鉴定中心出具司鉴中心[2017]技鉴字第1427号司法鉴定科学技术研究所司法鉴定中心鉴定意见书，鉴定意见为厚福公司工商登记材料中公司章程、2014年3月10日和8月5日的两份股东会决议等中“赵某”签名均不是赵某所写。

上海市虹口区人民法院于2017年10月31日作出(2017)沪0109民初6435号判决：(1)确认于2014年3月10日形成的厚福公司股东会决议不成立；(2)确认于2014年8月5日形成的厚福公司股东会决议不成立；(3)驳回赵某其他诉讼请求。

赵某不服前述判决，以一审法院认定赵某未能证明系被冒用身份证成为厚福公司股东显属错误为由，上诉于上海市第二中级人民法院，请求二审法院支持其全部诉讼请求。

二审中，二审法院另查明：余某某在一审中曾在2017年4月10日的谈话笔录中表示，其是赵某的姐夫，曾在云南省金融办工作，后因不想将养老保险留在云南，所以就将养老保险挂在厚福公司，此后亦曾在冯某某要求下去厚福公司做非正式顾问，但未领取报酬。上海市第二中级人民法院于2018年6月4日作出驳回上诉、维持原判的判决。

**【案件争点】**

赵某是否存在被冒名登记为厚福公司股东的情况。

**【裁判要旨】**

根据公司法及司法解释相关规定：冒用他人名义出资并将该他人作为股东在公司登记机关登记的，冒名登记行为人应承担相应责任；公司、其他股东或者公司债权人以未履行出资义务为由，请求被冒名登记为股东的人承担补足出资责任或者对公司债务不能清偿部分的赔偿责任的，不予支持。由此可知，登记股东若确有证据证明其系被冒名登记为股东，而其对此一无所知，且从未有要成为该公司股东的意思表示,则可依法主张其并非公司股东。然而,公司的股东信息毕竟属于商事登记之范畴,如若轻易否定登记股东的身份,则有损于该登记之公示公信效力,冲击公司登记信息之可信赖外观,甚至动摇公司法制度关于有限责任之立法根基。而在实践中,不乏企业登记代理机构或招商中心代办登记时代股东签名的情况,致使股东设立公司意思表示的真实性难以简单以签名的真实与否直接判断。因此,对于冒名股东的认定应当审慎,并应对主张己方被冒名的股东课以必要的举证义务。

本案中,根据司法鉴定结论,赵某在厚福公司工商登记材料中的签名确实并非本人所签,但赵某亦言及曾将自己的身份证原件交予冯某某手中,因此,本案中赵某被登记为厚福公司的股东,存在两种可能:(1)如赵某所言,其因其他原因将身份证借给冯某某,后该身份证被冯某某利用,在赵某没有成为股东意图的情况下将其登记为厚福公司股东;(2)冯某某经赵某同意,基于赵某拟成为公司股东或为他人代持股份的意思表示,取得赵某身份证后将其登记为厚福公司股东。对于前述两种可能性,应当全面分析在案证据、举证责任及案件相关事实予以综合判断和确认。

首先,赵某未能提供充分证据证明其身份被冒用之事实。前文已述,主张己方被冒名的股东应就己方主张承担更多的举证义务。然现有证据中,仅有司法鉴定结论,可证明签名系他人代签,但代签之原因,双方各执一词,赵某并未能充分证明其观点。其次,赵某的姐夫余某某系冯某某的朋友,根据余某某在一审中的陈述,余某某曾将养老保险挂在厚福公司,亦曾为厚福公司做过非正式顾问,可见余某某与冯某某及厚福公司存在密切往来,赵某和冯某某亦并非全然不相识,上述事实均无法印证赵某所称其毫不知晓自己成为厚福公司股东的观点。相反,鉴于余某某身份的特殊性,甚至不能完全排除法院对赵某系为余某某代持股权之合理怀疑。最后,赵某于2014年3月即被登记为厚福公司之股东,该登记信息系对社会公开的信息。赵某直至2017年才提起本案诉讼主张其被冒名,意味着其在亲戚与该公司存在密切往来的情况下,近三年的时间对其身份被冒用一事一无所知,有违常理及一般社会经验法则。

综上所述,赵某主张其并无成为厚福公司股东的意愿,也对自己被登记为公司股东的情况毫不知情,但其在举证方面有所欠缺,亦没有其他有力事实印证其关于被冒名登记为股东的主张,故法院对其相应诉讼请求及事实理由均难以采纳。

## 例案二 南京长江消防集团工程设备安装有限公司与朱某、潘某华股东出资纠纷案

**【法院】**

江苏省南京市中级人民法院

**【案号】**

(2019)苏01民终2136号

**【当事人】**

上诉人(原审原告):南京长江消防集团工程设备安装有限公司

诉讼代表人:江苏钟山清算事务所有限公司,该公司管理人

被上诉人(原审被告):朱某

被上诉人(原审被告):潘某华

**【基本案情】**

南京长江消防集团工程设备安装有限公司(以下简称长江消防设备公司)一审诉称:2016年10月26日,浦口区人民法院(以下简称浦口法院)受理了(2016)苏0111破6号长江消防设备公司破产清算一案,并指定本案诉讼代表人为管理人。2016年11月8日,管理人调取的公司工商登记材料显示,2015年11月25日,公司增加资本金1445万元,注册资本增加到2000万元,由潘某华等7名新股东认缴1445万元,新增认缴资本占总注册资本的72.25%,其中朱某认缴200万元,出资时间为2035年3月19日前。根据《企业破产法》第35条的规定,债务人股东的出资义务不受出资期限的限制,故要求朱某作为长江消防设备公司的股东依法补缴出资额。同时,潘某华曾向法庭陈述,其以朱某名义控制股权,潘某华系隐名股东,对朱某出资承担连带责任。故诉至法院,请求:(1)判令朱某立即补足其在长江消防设备公司认缴未缴的出资共计200万元;(2)判令潘某华对以上出资义务承担连带责任;(3)判令朱某、潘某华依法承担本案的诉讼费用。

朱某一审辩称,长江消防设备公司股东会决议和章程修正案上的签名不是本人所签,也没有委托他人代为签名;朱某不愿意成为该公司股东;朱某不愿意为他人代持股份。

潘某华未在答辩期间内向法院提交答辩状,亦未提供证据。

法院经审理查明:长江消防设备公司于1997年3月25日设立,公司住所地在南京市浦口区桥林工业园兰花路8号,法定代表人杨某,注册资金555万元,2008

年12月10日,杨某认缴出资545.55万元,王某燕出资4.5万元,业某出资4.5万元,南京长江消防(集团)公司出资0.45万元。

2015年3月19日,长江消防设备公司形成股东会决议。将注册资本555万元增加到2000万元,同时增加3位股东杨某明、阮某田、卞某。2015年3月24日,长江消防设备公司注册资本由555万元变更为2000万元,股东由南京长江消防(集团)公司、杨某、王某燕、业某变更为南京长江消防(集团)公司、杨某、王某燕、业某、杨某明、阮某田、卞某。

2015年11月25日,长江消防设备公司形成股东会决议,吸收潘某华、王某玉、朱某、许某辉为公司新股东,卞某将其持有的500万元股权分别转让给潘某华100万元、王某玉200万元、朱某200万元,阮某田将其持有的405万元股权转让给潘某华,杨某明将其持有的149.45万元转让给潘某华,杨某明将其持有的30万元转让给许某辉。

2016年1月7日,长江消防设备公司法定代表人由杨某变更为潘某华,股东由南京长江消防(集团)公司、杨某、王某燕、业某、杨某明、阮某田、卞某变更为南京长江消防(集团)公司、杨某、杨某明、王某燕、业某、阮某田、卞某、王某玉、朱某、许某辉、潘某华。

2016年8月10日,浦口法院作出(2016)苏0111民破6号民事裁定书,受理债权人提出的对长江消防设备公司的破产清算申请。2016年10月26日,该院指定江苏钟山清算事务所有限公司担任长江消防设备公司管理人。

2018年12月12日,杨某明到庭陈述,在2015年11月25日股东会决议上签字时,没有看到朱某本人签字。

在浦口法院(2017)苏0111民初3792号民事案件(以下简称3792号案件)庭审中,潘某华陈述,王某玉、朱某所持有的股权(10%)实际上是其个人持有,虽然潘某华工商登记认缴额的是654.45万元(股权比例32.7225%),但实际认缴出资额为1054.45万元。3792号案民事判决书中,浦口法院认定署名朱某的股东会决议、股权转让协议经肉眼辨识,与朱某本人签名存在差异,长江消防设备公司亦未提出异议,潘某华以朱某之名分摊股权并实际控制朱某的股权,朱某的股权份额实际源于潘某华,不能认定朱某名下股权已实际出资。

另查,卞某拟将其持有的长江消防设备公司500万元股权转让给潘某华,潘某华考虑到股东人数安排朱某、王某玉分别受让其中的200万元股权,其本人受让其中的100万元股权。2015年11月25日,卞某与“朱某”签订股权转让协议,将其持有的长江消防设备公司200万元股权转让给"朱某"，股权价款为0。当日，长江消防设备公司形成股东会决议，同意卞某将其上述股权转让给"朱某"，选举潘某华、"朱某"、王某玉、卞某为董事，通过章程修正案。该股东会决议下方有"朱某"字样的签名。随后，潘某华作为经办人向工商登记部门申请变更登记。卞某与朱某均确认双方并未直接沟通过股权转让事宜，卞某确认其在该协议签字时，"朱某"签名已形成、朱某未参加2015年11月25日股东会会议。

浦口法院于2014年6月20日作出（2018）苏0111民初7268号民事判决，驳回长江消防设备公司的诉讼请求。长江消防设备公司不服，提起上诉。江苏省南京市中级人民法院作出（2019）苏01民终2136号二审判决：驳回上诉，维持原判。

**【案件争点】**

朱某是被冒名股东还是名义股东。

**【裁判要旨】**

被冒名股东与名义股东的区别在于朱某有无成为长江消防设备公司登记股东的意愿、朱某与潘某华之间是否存在股权代持的合意。因朱某、潘某华均陈述潘某华将受让股权部分分摊到朱某名下，未经朱某同意，故长江消防设备公司管理人主张朱某与潘某华之间是名义股东与实际出资人的关系应承担举证证明之责，即举证证明朱某曾作为名义股东参与长江消防设备公司的经营、管理、讨论或决策的事实。但长江消防设备公司二审中提交的股东会决议，经证人确认朱某并未参加该次会议，不能达到长江消防设备公司的证明目的。朱某虽曾参加长江消防设备公司的其他会议，但对于参会的身份与证人陈述存在分歧，长江消防设备公司未能提供相应的会议记录证明朱某参会的身份，亦未能提供其他证据证实朱某曾行使过股东权利，故其主张朱某与潘某华之间存在代持合意，证据不足，法院不予采纳。潘某华在3792号案件审理过程中确认其将朱某登记为长江消防设备公司股东，未经朱某同意，故朱某应为被冒名股东。《公司法解释三》第28条规定，冒用他人名义出资并将该他人作为股东在公司登记机关登记的，冒名登记行为人应当承担相应责任；公司、其他股东或公司债权人以未履行出资义务为由，请求被冒名登记为股东的人承担不足出资责任或者对公司债务不能清偿部分的赔偿责任的，人民法院不予支持。因此，长江消防设备公司要求朱某履行出资义务，无事实与法律依据，法院不予支持。

## 例案三 | 符某花与山东翔里光电科技有限公司等案外人执行异议之诉

**【法院】**

山东省济南市中级人民法院

**【案号】**

(2020)鲁01民终39号

**【当事人】**

上诉人(原审原告):符某花

被上诉人(原审被告):山东翔里光电科技有限公司

法定代表人:曾某,总经理

被上诉人(原审被告):深圳大屏显示智能科技有限公司

法定代表人:陈某某,总经理

**【基本案情】**

符某花上诉请求:撤销一审判决第一项,改判"不得变更、追加上诉人符某花为被执行人";二审案件受理费由被上诉人山东翔里光电科技有限公司(以下简称山东翔里公司)负担。事实与理由:

一审判决符某花"在深圳大屏显示智能科技有限公司5000万元股权未出资的10万元股权范围内向被上诉人山东翔里公司承担(2016)鲁0102民初6000号民事判决书确定的债务清偿10万元的债务"事实不清,证据不足。符某花自2013年6月到深圳市美律达科技有限公司[深圳大屏显示智能科技有限公司(以下简称深圳大屏公司)的前身]打工,同年9月即离开该公司前往深圳市思科瑞光电有限公司打工。其离开美律达科技有限公司的原因是该公司不为符某花缴纳社会养老保险,且工资拖欠发放。在美律达科技有限公司打工之初,该公司未设立登记。因为该公司留存有符某花的身份证复印件,2013年8月29日,公司实际经营者使用符某花的身份证复印件到深圳市市场监督管理局登记设立"深圳市美律达科技有限公司",其股东及法定代表人均登记为符某花。在深圳个人公司设立登记需要股东持身份证到场进行验证,符某花仅陪同一起去了一趟深圳市市场监督管理局而已。其他一应签字等手续均非符某花签字办理。其注册资本金金额及是否缴纳符某花均不知情。公司实际经营者称,当时之所以陪同前往,是因为公司登记注册后才能参与招投标业务,投标成功有工程款进项才能清欠符某花的3个月工资。2013年9月中旬,符某花领取了拖欠的工资后随即离开了该公司,之后符某花与该公司再无其他联系。如前所述,符某花只是外出打工维持生计的农民工,没有经济能力也从来没有想过创办经营公司。一审判决认定符某花与深圳大屏公司的实际股东之间存在代持10万元股份的意思表示,与事实不符。2015年7月29日,深圳市美律达科技有限公司向深圳市市场监督管理局申请公司注册资本变更为5000万元,2018年3月底符某花才知晓。因为当时符某花收到了历下区人民法院(2018)鲁0102执异28号执行裁定书。该裁定书裁定符某花在未出资数额5000万元的范围内承担责任,向山东翔里公司清偿(2016)鲁0102民初6000号民事判决书确定的债务。符某花不服,遂向历下区人民法院提起执行异议之诉。

2018年5月30日,符某花以深圳市市场监督管理局为被告、深圳大屏公司为第三人,向深圳市盐田区人民法院提起行政诉讼,要求撤销深圳市市场监督管理局于2015年7月29日核准深圳大屏公司关于增资至5000万元的变更登记。盐田区法院委托广东中一司法鉴定中心对美律达科技有限公司企业变更登记的3份文件股东签字处“符某花”签名进行笔迹鉴定,其鉴定意见为上述3份文件中符某花签名与符某花书写的样本不是同一人所写。2018年12月12日,深圳市盐田区人民法院作出(2018)粤0308行初1242号行政判决,撤销被告深圳市市场监督管理局于2015年7月29日将第三人深圳大屏公司的注册资本由10万元变更为5000万元的登记行为。

一审法院认定符某花系深圳大屏公司名义股东(股份)与事实不符。如前所述,深圳大屏公司2013年8月29日设立,设立时的股东虽是符某花,但不是名义(代持)股东而是冒名性质,公司设立一个多月,结清公司拖欠的3个月工资后符某花便前往其他公司打工是不争的事实。符某花从未参与过公司的任何生产经营活动。山东翔里公司与深圳大屏公司买卖合同纠纷起于2015年9月终于2017年3月。而作为冒名股东的符某花2013年10月便离开深圳大屏公司去其他公司打工。上述买卖合同纠纷的债务与符某花无任何关联。请二审法院查明事实,依法支持符某花的上诉请求。

山东翔里公司辩称:第一,符某花关于其不是名义股东而是被冒名,没有证据证明,与事实不符。第二,符某花所陈述未参与公司经营与公司法规定股东可以不参与经营矛盾,并不能证明不参与经营就不是股东。第三,作为被执行人的一人有限公司,股东不能证明公司财产独立于自己的财产的,对公司的债务应当承担连带责任。故上诉人的上诉应当予以驳回。

深圳大屏公司未答辩。

法院经审理查明:2016年9月,山东翔里公司与深圳大屏公司因买卖合同纠纷诉至历下区人民法院。经该院审理,作出(2016)鲁0102民初6000号民事判决书,判令深圳大屏公司退还山东翔里公司货款并向其支付违约金及损失共计596,568元。该判决书生效后,深圳大屏公司未主动履行判决书确定的义务,山东翔里公司遂申请强制执行。应山东翔里公司追加被执行人的申请,一审法院于2018年3月29日作出(2018)鲁0102执异28号执行裁定书,查明符某花是深圳大屏公司的股东,应出资5000万元,但未实际出资。裁定追加第三人符某花为本案的被执行人,被执行人符某花应在裁定生效之日起10日内在未出资数额5000万元的范围内承担责任,向申请执行人山东翔里公司清偿(2016)鲁0102民初6000号民事判决书确定的债务。符某花不服上述裁定,遂提起本案诉讼。

符某花于2013年6月入职深圳市美律达科技有限公司(2017年4月6日变更为深圳大屏公司)。应深圳市美律达科技有限公司实际控制人王某华的要求,符某花同意作为深圳市美律达科技有限公司的股东及法定代表人,并与公司经办人于2013年8月29日至深圳市市场监督管理局设立深圳市美律达科技有限公司,注册资本为10万元。2015年7月29日,深圳市美律达科技有限公司向深圳市市场监督管理局申请公司注册资本的变更登记,同时提交《企业变更(备案)登记申请书》《深圳市美律达科技有限公司章程》《深圳市美律达科技有限公司股东决定》,上述文件中的“有权签署人签署”和“股东签字处”均有符某花的签名。同日,深圳市市场监督管理局核准了深圳市美律达科技有限公司的增资变更申请,注册资本变更为5000万元。2015年12月31日,深圳市美律达科技有限公司法定代表人由符某花变更为王某华。2017年4月6日,深圳市美律达科技有限公司变更为深圳大屏公司。2018年3月13日,深圳大屏公司股东由符某花变更为王某华。2018年9月11日,深圳大屏公司法定代表人、股东均由王某华变更为陈某虎,出资额度仍为5000万元。

符某花称其事后才得知设立深圳市美律达科技有限公司时的认缴注册资本为人民币10万元,在2013年10月从深圳市美律达科技有限公司离职时其已将名义上10万元股权全部转让给王某华等股东。2018年5月30日,符某花以深圳市市场监督管理局为被告、深圳大屏公司为第三人,向广东省深圳市盐田区人民法院提起行政诉讼,要求撤销深圳市市场监督管理局于2015年7月29日核准深圳大屏公司关于增资至5000万元的变更登记。该案审理过程中,符某花申请对上述《企业变更(备案)登记申请书》《深圳市美律达科技有限公司章程》《深圳市美律达科技有限公司股东决定》中“有权签署人签署”和“股东签字处“符某花”签名笔迹是否为符某花本人所写进行鉴定。广东中一司法鉴定中心作出[2018]文鉴字第5520号《司法鉴定意见书》，鉴定意见为上述3份文件中符某花签名与符某花书写的样本不是同一人所写。

符某花于2013年10月至2016年9月由深圳市思科瑞光电有限公司交纳社保。

广东省深圳市盐田区人民法院(2018)粤0308行初1242号行政判决第32页记载:“原告(符某花)诉称，原告于2013年6月入职第三人(公司名称原为深圳市美律达科技有限公司)，因原告文化水平较低，公司的实际控制人求原告作为股东及法定代表人，故原告便同经办人到被告公司处设立公司，成为第三人的股东及法定代表人，但是公司公章、营业执照等均不在原告手中，第三人也不是由原告主管。”

**【案件争点】**

符某花是否为深圳大屏公司的冒名股东。

**【裁判要旨】**

《公司法解释三》第26条规定，公司债权人以登记于公司登记机关的股东未履行出资义务为由，请求其对公司债务不能清偿的部分在未出资本息范围内承担补充赔偿责任，股东以其仅为名义股东而非实际出资人为由进行抗辩的，人民法院不予支持。在本案与盐田区人民法院审理的行政诉讼案件中，符某花自认，在深圳市美律达科技有限公司设立登记时，其应深圳市美律达科技有限公司的要求，同意作为该公司的法定代表人及股东，并亲自与公司经办人至深圳市市场监督管理局办理公司设立手续，应认定符某花与公司的实际出资人就公司股份达成了代持协议，符某花为名义股东，出资额为10万元。符某花以其仅为公司的名义股东而非实际出资人为由对外主张不应向公司债权人承担责任，于法无据，法院不予支持。符某花应在10万元未出资范围内对公司债权人承担责任。符某花承担责任后，可依据其与公司实际出资人的内部约定，向实际出资人另行主张权利。

《公司法解释三》第28条规定，冒用他人名义出资并将该他人作为股东在公司登记机关登记的，冒名登记行为人应当承担相应责任……公司债权人以未履行出资义务为由请求被冒名登记为股东的人承担……对公司债务不能清偿部分的赔偿责任的，人民法院不予支持。冒名股东与名义股东的区别在于，冒用他人名义出资并将该他人作为股东在公司登记机关登记的，被冒名人对此不知情，而名义股东对自己的名字记载于股东名册或工商登记是知情的。本案中,符某花仅对其持有深圳大屏公司10万元股份并记载于工商登记知情,但对深圳大屏公司增资至5000万元并不知情,且广东中一司法鉴定中心作出的《司法鉴定意见书》也指出,深圳大屏公司在增资变更登记过程中提交的《企业变更(备案)登记申请书》《深圳市美律达科技有限公司章程》《深圳市美律达科技有限公司股东决定》中有权签署人签署和股东签字处的"符某花"签名均不是其本人所签。符某花也称,2013年10月,其已自深圳大屏公司离职,并在其他单位交纳社保。因此,符某花与深圳大屏公司的实际股东之间仅存在代持10万元股份的意思表示,对代持5000万元股份并没有达成合意,故深圳大屏公司将注册资本增资至5000万元,属于冒用他人名义出资的行为。山东翔里公司要求符某花在深圳大屏公司增加的4990万元注册资本范围内向其承担(2016)鲁0102民初6000号民事判决书确定的债务,无事实与法律依据,一审法院不予支持。综上,根据《公司法解释三》第26条、第28条,《最高人民法院关于适用〈中华人民共和国民事诉讼法〉的解释》第311条、第312条,《民事诉讼法》第64条、第144条之规定,山东省济南市历下区人民法院判决:(1)符某花仅在深圳大屏公司5000万元股权未出资的10万元股权范围内向山东翔里公司承担清偿(2016)鲁0102民初6000号民事判决书确定的债务;(2)驳回符某花超出部分的诉讼请求。案件受理费100元,由被告山东翔里公司负担。

符某花不服前述判决,提起上诉,山东省济南市中级人民法院经审理,作出(2020)鲁01民终39号民事判决:驳回上诉,维持原判。

## 三、裁判规则提要

《公司法解释三》第26第1款规定:"公司债权人以登记于公司登记机关的股东未履行出资义务为由,请求其对公司债务不能清偿的部分在未出资本息范围内承担补充赔偿责任,股东以其仅为名义股东而非实际出资人为由进行抗辩的,人民法院不予支持。"《公司法解释三》第28条规定:"冒用他人名义出资并将该他人作为股东在公司登记机关登记的,冒名登记行为人应当承担相应责任;公司、其他股东或者公司债权人以未履行出资义务为由,请求被冒名登记为股东的承担补足出资责任或者对公司债务不能清偿部分的赔偿责任的,人民法院不予支持。"作为登记于公司登记机关的股东是"名义股东"还是"被冒名股东",直接影响该登记股东是否对公司外部的债权人承担出资责任,因此准确区分界定"名义股东"和"冒名股东"具有现实意义。此外,《公司法解释三》第24条第1款规定:"有限责任公司的实际出资人与名义出资人订立合同，约定由实际出资人出资并享有投资权益，以名义出资人为名义股东，实际出资人与名义股东对该合同效力发生争议的，如无法律规定的无效情形，人民法院应当认定该合同有效。”基于前述规定，可知名义股东与实际出资人之间需要具有代为出具名义的合意，但这种合意的认定不能仅限于代持股权合同的签订，还应结合工商登记的流程、出资及股权转让情况、公司实际经营情况来甄别名义股东和实际股东。对于被冒名股东的认定，实质上为对工商登记股东身份的否认，基于工商登记的公示公信效力，对于被冒名股东的认定应更为谨慎，在主张“被冒名”的一方提供充分证据足以反驳“名义股东”或“实际股东”的事实时，才可作出“被冒名股东”的认定。

## 四、辅助信息

**高频词条：**

**《公司法解释三》**

**第二十四条第一款** 有限责任公司的实际出资人与名义出资人订立合同，约定由实际出资人出资并享有投资权益，以名义出资人为名义股东，实际出资人与名义股东对该合同效力发生争议的，如无法律规定的无效情形，人民法院应当认定该合同有效。

**第二十六第一款** 公司债权人以登记于公司登记机关的股东未履行出资义务为由，请求其对公司债务不能清偿的部分在未出资本息范围内承担补充赔偿责任，股东以其仅为名义股东而非实际出资人为由进行抗辩的，人民法院不予支持。

**第二十八条** 冒用他人名义出资并将该他人作为股东在公司登记机关登记的，冒名登记行为人应当承担相应责任；公司、其他股东或者公司债权人以未履行出资义务为由，请求被冒名登记为股东的承担补足出资责任或者对公司债务不能清偿部分的赔偿责任的，人民法院不予支持。

## 公司股东权利行使与责任案件裁判规则第5条:

## 有限责任公司继受股东请求查阅公司特定文件材料,公司抗辩主张该股东对其成为公司股东之前的特定文件材料不享有知情权的,人民法院不予采纳。继受股东的请求符合《公司法》第33条或者公司章程的规定的,人民法院予以支持

〔**规则描述**〕:股东知情权,是公司股东的固有权利,不可被公司章程、股东之间的协议等实质性剥夺。有限责任公司的继受股东作为公司股东,有权行使股东知情权,查阅、复制公司特定文件材料,并不受时间跨度的限制。但该股东查阅、复制公司特定文件材料的范围、程序,应当严格遵守法律规定以及公司章程的特别约定,并受到诚实信用和公平合理原则的限制,不应滥用股东权利而严重影响公司正常管理,公司有合理根据认为股东查阅会计账簿有不正当目的,可能损害公司合法利益的,可以拒绝提供查阅。

### 一、类案检索大数据报告

截至2020年3月31日,以“股东知情权”“股权转让”“查阅”为关键词,通过Alpha案例库共检索到类案680件,经逐案阅看、分析,与本规则关联度较高的案件共有81件。因其中存在同一案件的一审、二审、再审裁判,严格意义上应将其认定为一起案件,同时还有不同股权受让方因对同一家公司同一次股权转让而提起的多起诉讼,实质上争议的焦点问题是相同的,故剔除前述情形后,实际共有72件案件。整体情况如下:

从类案地域分布看,涉案数最多的地域是广东省,共12件,其次是江苏省,共9件,类案主要地域分布如图5-1所示。

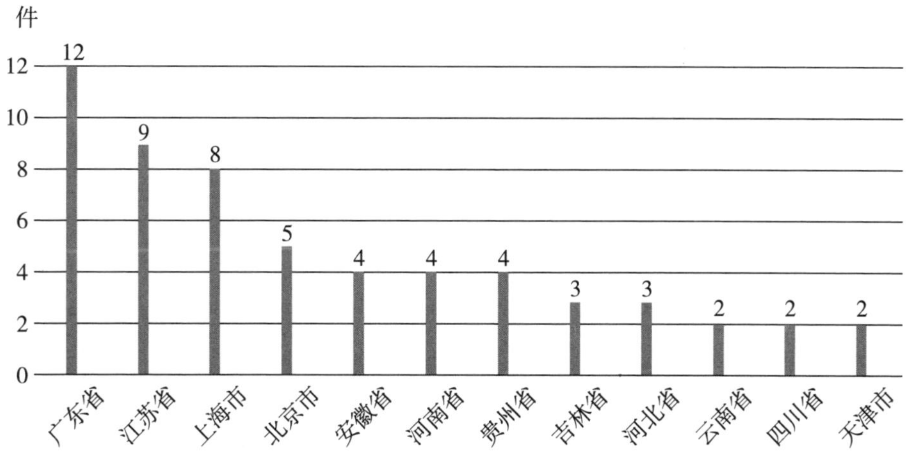


**图 5－1　类案主要地域分布**

从类案结案时间看，最多的年份是 2019 年，共有 19 件；其次为 2018 年，共有 17 件。

从案件经历的审理程序看，只经过一审程序的共计 37 件，经过一审、二审两审程序的共计 33 件，经过一审、二审及再审程序的共计 2 件（如图 5－2 所示）。

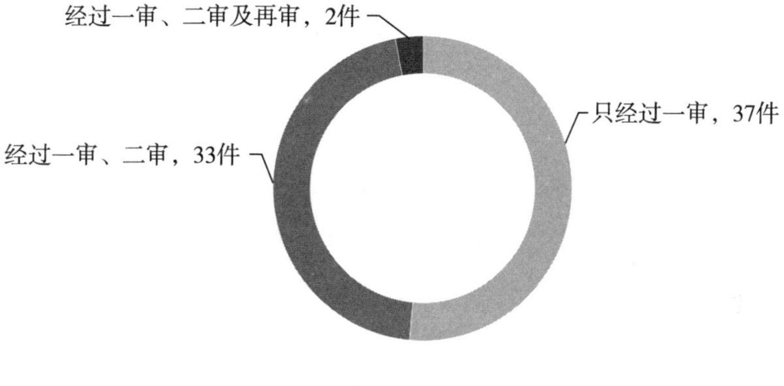


**图 5－2　类案经过的审理程序**

## 二、可供参考的例案

### 例案一　广东亿全建筑工程设备科技有限公司与江苏沪钛塑胶科技有限公司、陈某某股东知情权纠纷案

**【法院】**

江苏省南通市中级人民法院

**【案号】**

(2019)苏06民终2964号

**【当事人】**

原告:广东亿全建筑工程设备科技有限公司

被告:江苏沪钛塑胶科技有限公司

法定代表人:陈某某,该公司总经理

被告:陈某某

**【基本案情】**

广东亿全建筑工程设备科技有限公司(以下简称亿全公司)诉称,其系江苏沪钛塑胶科技有限公司(以下简称沪钛公司)的股东,持有沪钛公司20%的股权,陈某某持有沪钛公司49.25%的股权,系沪钛公司的执行董事、实际控制人。沪钛公司和陈某某从未向其报告过财务状况,也未曾分配利润,亿全公司曾正式发函,要求排除妨害并行使股东知情权,但沪钛公司和陈某某均拒绝执行,并设置阻碍影响亿全公司股东权利的行使。沪钛公司和陈某某的上述行为侵害了亿全公司的股东知情权,故亿全公司诉至法院,要求:(1)沪钛公司和陈某某提供自沪钛公司成立之日起至实际提供查询日上一个月的会计账薄(含总账、明细账、日记账和其他辅助性账薄)和会计凭证(含记账凭证、相关原始凭证及作为原始凭证附件入账备查的有关资料)供亿全公司查询,并允许亿全公司委托的会计师、律师协助行使上述权利;(2)沪钛公司和陈某某提供自沪钛公司成立之日起至实际提供查询日上一个月的股东会会议记录及财务会计报告,包括:会计报表(含资产负债表、利润表、现金流量表及相关附表),会计报表附注和财务情况说明书,供亿全公司查阅、复制,并允许亿全公司委托的会计师、律师协助行使上述权利。

沪钛公司和陈某某共同辩称,不同意亿全公司的诉讼请求。(1)亿全公司的股东资格是自2017年6月21日与陈某某协议转让股权而来,但亿全公司至今未付清股权转让款。(2)亿全公司与沪钛公司有关联交易,至今有巨额货款未付清,相关案件在诉讼过程中。在股权转让款及货款未付清之前,不同意亿全公司查阅公司的会计账目。(3)即使亿全公司有查询权,也只能查询在亿全公司成为沪钛公司股东之后的公司账目。(4)陈某某不是本案适格被告。

法院经审理查明:沪钛公司于2015年1月20日登记设立,2015年1月19日的公司章程明确,公司注册资本为1000万元,股东(发起人)为陈某某等人。2017年7月3日股东会议决议,同意吸收亿全公司为公司新股东,陈某某转让20%共

200万元的股权给亿全公司。同日，公司章程股东认缴比例调整为陈某某认缴430万元，亿全公司认缴200万元。2017年7月19日股东会决议将沪钛公司注册资本从1000万元增加至6700万元，自此公司章程中各股东认缴比例调整为陈某某认缴3300万元，亿全公司认缴1340万元。2017年7月7日沪钛公司在如东县市场监督管理局申请变更股东信息，变更登记内容为增加亿全公司为沪钛公司股东。变更登记材料“附表3”，载明“股东亿全公司出资时间2040－12－31，出资方式货币认缴出资额（万元）1340”。亿全公司于2017年7月4日至2017年8月30日，向陈某某个人卡号支付股权转让款共计1000万元。2015年1月19日沪钛公司章程第8条规定：股东会由全体股东组成，是公司的权利机构，行使下列职权：审议批准公司的年度财务预算方案、决算方案。第28条规定：公司应当在每一会计年度终了时编制财务会计报告，并依法经会计师事务所审计。公司应当在审计后15日内将财务会计报告送交各股东。此后因多次变更公司股东而引起的沪钛公司章程中均包含前述所列2015年1月19日章程中的相关内容。2019年1月14日，亿全公司向沪钛公司发出《查阅会计账簿请求函》，载明：亿全公司系沪钛公司登记股东，拥有20%的股权，查阅理由：全面了解公司运营及财务状况，维护股东的知情权。查阅范围：（1）自贵司成立以来各年度的会计财务报告；（2）自贵司成立以来各年度的会计账簿。请贵司于收到本函之日起3日内对查阅理由进行审查，并将审查结果进行书面通知，如同意查阅请求的，请明确告知查阅地点和时间。若贵司拒绝查阅，本公司将请求人民法院要求贵司提供查阅，并追究贵司相应的法律责任。2019年1月22日，沪钛公司回函亿全公司：作为沪钛公司的股东，你们的所作所为严重影响沪钛公司的正常经营和公司信誉，对公司今后运作产生了不良后果，损害全体股东权益。按沪钛公司50%以上的股东要求，给予几点回复：（1）在亿全公司未付清拖欠沪钛公司货款之前不同意其查阅账务请求；（2）亿全公司要求沪钛公司为中建三局广州分局项目定制的10,208平方米模板，因项目停止，造成模板积压、改制，在未得到补偿之前不同意查阅账目请求；（3）因项目停止，现库存积压4101.6平方米模板在亿全公司未付款提货之前不同意查阅账目请求。

江苏省如东县人民法院作出一审判决：沪钛公司于判决生效之日起10日内将其自2015年1月至2019年5月的公司会计账簿置备于该公司，供亿全公司查阅。亿全公司委托的会计师、律师可予以辅助（会计师、律师辅助查阅，须亿全公司在场，出示相应的会计师、律师证书后，方可进行）。沪钛公司于判决生效之日起10日内将其自2015年1月至2019年5月的公司股东会会议记录、财务会计报告置备于该公司,供亿全公司查阅、复制。亿全公司委托的会计师、律师可予以辅助(会计师、律师辅助查阅,须亿全公司在场,出示相应的会计师、律师证书后,方可进行)。上述材料,由亿全公司在沪钛公司正常营业时间内查阅,查阅地点在沪钛公司办公区域内,查阅时间不得超过10个工作日(如亿全公司委托会计师、律师辅助查阅,亦需按此项判决确定的时间、地点履行)。驳回亿全公司对陈某某的诉讼请求。亿全公司不服,提起上诉。江苏省南通市中级人民法院于2019年9月23日作出(2019)苏06民终2964号二审判决:(1)维持江苏省如东县人民法院(2019)苏0623民初1300号判决第2、3、4项;(2)撤销江苏省如东县人民法院(2019)苏0623民初1300号判决第1项;(3)沪钛公司于判决生效之日起10日内将其自2015年1月至2019年5月的公司会计账簿,会计凭证(计账凭证、相关原始凭证及作为原始凭证附件入账备查的有关资料)置备于该公司,供亿全公司查阅。亿全公司委托的会计师、律师可予以辅助(会计师、律师辅助查阅,须亿全公司人员在场,出示相应的会计师、律师证书后,方可进行)。

**【案件争点】**

(1)亿全公司是否享有股东知情权;(2)陈某某是否为本案适格被告;(3)亿全公司行使股东知情权是否具有不正当目的,可能损害沪钛公司合法利益;(4)亿全公司能否查阅其受让股权前的沪钛公司会计账簿。

**【裁判要旨】**

(1)关于亿全公司是否享有股东知情权的问题。本案中,亿全公司已依据沪钛公司的章程与公司股东会决议,于2017年7月成为沪钛公司新的工商登记股东,依法享有股东知情权。沪钛公司辩称,亿全公司至今未全部付清股权转让款,不能查阅沪钛公司账目的理由不能成立。理由是:第一,我国对公司注册资本实行股东认缴制度,认缴期限尚未届满。第二,公司股东知情权是法定权利,当事人不得附加任何条件进行限制。亿全公司是否付清股权转让款,是其与股东陈某某之间的债权债务关系,与本案没有关联性,也不影响亿全公司的股东资格。亿全公司通过受让股权取得沪钛公司的股东资格,得依法行使股东知情权。亿全公司书面申请查阅沪钛公司会计账簿、财务报告并注明查明目的,其行使股东知情权的程序合法。

(2)关于陈某某是否为本案适格被告的问题。股东知情权是股东对公司享有的权利,承担义务的主体是公司。本案中,亿全公司将沪钛公司与陈某某作为共同被告起诉,虽然陈某某是沪钛公司的法定代表人,也是最大股东,但亿全公司起诉陈某某没有法律依据，无法支持该诉求。

(3)关于亿全公司行使股东知情权是否具有不正当目的，可能损害沪钛公司合法利益的问题。首先，从沪钛公司三点回复看，其仅为亿全公司查阅会计账簿、财务报告等设置了付清欠款、给予补偿、付款提货等前提条件，并未指出亿全公司查阅具有哪些不正当目的。其次，沪钛公司虽主张亿全公司要求查阅的会计账簿等涉及客户名单商业秘密，但亿全公司与沪钛公司并非同业竞争关系，不存在亿全公司争夺沪钛公司客户资源问题。根据沪钛公司陈述，在亿全公司成为沪钛公司股东后，由沪钛公司生产产品销售给亿全公司，再由亿全公司租赁给目标客户。据此，亿全公司对客户名单在交易过程中已经知悉，并非通过查阅才知悉。最后，亿全公司与沪钛公司因拖欠货款发生纠纷，可以协商解决，协商不成，可以申请仲裁或向人民法院提起诉讼。即使亿全公司拖欠沪钛公司货款事实存在，并不能据此认为亿全公司要求查阅会计账簿、财务报告即具有不正当目的。

(4)关于亿全公司能否查阅其受让股权前的沪钛公司会计账簿的问题。亿全公司通过受让股权成为沪钛公司股东，其即根据持股比例对沪钛公司享有《公司法》赋予的股东权利，包括股东知情权。股东通过行使知情权了解公司经营状况是该项权利的主要内容。而公司经营状况是连续的、累积的，如果新加入的股东只能了解其加入后的公司经营状况，其所了解的经营状况将是片面的、不真实的。另外，新加入的股东以其出资额对公司债务承担有限责任，而无论该债务发生在其受让股权前或受让股权后，故依据权利义务相一致原则，亿全公司得查阅其受让股权前的沪钛公司的会计账簿和财务报告。

## 例案二 | 宏德亚洲有限公司与广州塔祈巴那电器有限公司股东知情权纠纷案①

**【法院】**

广东省广州市中级人民法院

**【案号】**

(2009)穗中法民四终字第36号

**【当事人】**

原告：宏德亚洲有限公司

---

① 通过Alpha案例库、中国裁判文书网查询检索，本案仅有二审判决书，没有一审判决书。

被告:广州塔祈巴那电器有限公司

**【基本案情】**

宏德亚洲有限公司(以下简称宏德公司)诉称,广州塔祈巴那电器有限公司(以下简称塔祈公司)是由香港塔祈巴那电器有限公司(以下简称香港电器公司)投资设立的独资企业。2005年11月21日,宏德公司与香港电器公司签订股权转让协议,从香港电器公司处受让了塔祈公司1%的股权,有关股权转让获得了外贸部门的批准并办理了变更登记手续。自宏德公司成为塔祈公司的股东以来,塔祈公司从未向其提供过任何财务会计报表,也未向其分配过任何利润。为此,宏德公司于2008年11月25日向塔祈公司寄出《查阅会计账簿申请书》,但塔祈公司以宏德公司存在不正当目的为由予以拒绝。塔祈公司的行为严重侵害了宏德公司的股东知情权,故诉请法院判令:(1)塔祈公司向宏德公司提供2005年11月至2008年12月公司财务会计报告(包括资产负债表、损益表、财务状况变动表、财务情况说明书)以供查阅、复制;(2)塔祈公司向宏德公司提供2005年11月至2008年12月全部公司财务账簿以供查阅。

塔祈公司辩称,不同意宏德公司的诉讼请求。(1)对本案的管辖权有异议。塔祈公司已向法院递交了管辖权异议申请书,法院应就此作出正式的书面裁定。(2)宏德公司要求提交财务会计资料的起止时间错误,应该从2006年1月24日起算,因为宏德公司与香港电器公司之间的股权转让直至2006年1月24日才获得外贸部门的批准。塔祈公司属外商投资企业,根据法律规定,其股东的股权转让应经外贸管理部门批准后才生效。本案中,宏德公司自香港电器公司受让所得的股权于2006年1月24日才获得广州市番禺区对外贸易经济合作局的批准。自批准之日起,宏德公司才成为塔祈公司的合法股东,所以其股东知情权也应以该日作为起始。(3)宏德公司无权要求塔祈公司提供财务状况变动表和财务情况说明书,塔祈公司不存在上述文件。(4)宏德公司与塔祈公司双方之间有涉及金额几百万元的经济纠纷,目前正在中国香港特别行政区进行诉讼,双方关系比较紧张,宏德公司要求查阅塔祈公司的全部公司财务账簿及公司会计报告有不正当目的,塔祈公司有权拒绝宏德公司查阅公司会计账簿。

法院经审理查明:2005年11月21日,塔祈公司的全资股东香港电器公司与宏德公司签订股权转让协议,约定香港电器公司把其在塔祈公司中1%的股权转让给宏德公司,塔祈公司根据股权转让协议对其公司章程进行了修改,于2006年1月24日获得广州市番禺区对外贸易经济合作局的批准,并办理了相关的变更登记。宏德公司于2008年11月25日委托律师将《查阅会计账簿申请书》以律师函的形式通过特快专递寄给了塔祈公司。塔祈公司收到该申请书后，于2008年12月2日委托律师用传真件回函，以宏德公司与塔祈公司之间有未结之诉讼，宏德公司的要求存在不正当目的为由，拒绝了宏德公司的申请。2008年12月19日，宏德公司又向塔祈公司发出律师函，要求查阅塔祈公司的财务报告和会计账簿等资料。2008年12月29日，塔祈公司律师以传真件回函，表示基本同意宏德公司要求，但由于工作安排要等到春节后，具体日期另行通知。但事后塔祈公司并未安排宏德公司查阅有关财务报告和会计账簿。本案由广州市番禺区人民法院受理后，塔祈公司于2008年2月21日以本案属于重大涉外案件为由提出级别管辖异议，要求移送广东省广州市中级人民法院管辖。广州市番禺区人民法院于2009年3月18日以告知书形式通知塔祈电器公司其级别管辖异议不成立，广州市番禺区人民法院对本案具有管辖权。二审中，塔祈公司确认，其主张宏德公司要求查阅财务账册有不正当目的，这只是其单方的猜测，没有确切的证据可予佐证。

广州市番禺区人民法院作出一审判决：(1)塔祈公司应在判决发生法律效力之日起7日内提供2005年11月至2008年12月公司财务会计报告给宏德公司查阅、复制；(2)塔祈公司应在判决发生法律效力之日起7日内提供2005年11月至2008年12月公司财务账簿给宏德公司查阅。塔祈公司不服，提起上诉。广东省广州市中级人民法院于2009年12月1日作出(2009)穗中法民四终字第36号二审判决：驳回上诉，维持原判。

**【案件争点】**

(1)解决本案争议的准据法选择适用；(2)对塔祈公司提出的管辖权异议的处理方式是否正确；(3)宏德公司能否查阅其成为股东之前的财务会计资料。

**【裁判要旨】**

(1)关于解决本案争议的准据法适用问题。因宏德公司是在中国香港特别行政区注册成立的企业，故本案属涉港商事纠纷，应比照涉外商事案件处理。一审法院作为被告塔祈公司住所地依法享有涉外涉港澳台商事案件集中管辖权的法院，对本案有管辖权。由于本案是因宏德公司作为塔祈公司股东要求查阅公司财务会计资料而产生的股东知情权纠纷，而塔祈公司的住所地在我国内地，根据最密切联系原则，应以我国内地法律作为解决争议的准据法。

(2)关于对塔祈公司提出的管辖权异议的处理方式问题。根据最高人民法院1995年7月3日发布的《关于当事人就级别管辖提出异议应如何处理问题的复函》，级别管辖是上下级法院之间就一审案件审理方面的分工。当事人就级别管辖权提出异议的,受诉法院应当认真审查,确无管辖权的,将案件移送有管辖权的法院并告知当事人,但不得做裁定;经审查受诉法院有管辖权的,可直接告知当事人其异议不成立。因此,一审法院采用书面通知的方式对塔祈公司的管辖权异议作出处理并无不当。

(3)关于股东查阅公司财务账册的起始时间问题。股东知情权是法律赋予股东的一项权利,因此只有具备了股东身份才可享有该项权利。宏德公司拥有塔祈巴那公司1%的股份,作为塔祈公司的合法股东,应享有知情权。宏德公司请求行使知情权,系为了解塔祈公司的财务状况和经营状况,与维护其基于股东地位而享有的利益有直接联系。宏德公司和香港电器公司于2005年11月21日签订股权转让协议,当时该协议尚未获得外商投资企业审查批准机关的批准,有关股权的转让尚未发生法律效力,故是日宏德公司尚未成为塔祈公司的股东,其无权要求查阅塔祈公司的财务资料。但是,股东依法享有知情权的起始时间与股东有权查阅的财务会计资料的范围是两个不同的概念。股东通过查阅公司的会计资料,从而了解公司的运营状况及相关财务信息,是其正常行使股东权利并对公司经营作出决策的重要前提。所以,股东依法有权查阅的公司财务会计资料的范围,原则上不应仅仅限于其成为股东之后的财务会计资料。只要股东的请求不违反诚实信用原则和公平合理原则,如要求查阅的财务账册不是过于久远以致给公司管理造成不合理的负担,以及不存在所要求查阅的账册与股东的现实决策和权利救济无关等情形,公司就有义务给予配合,以保障股东正当权利的实现。本案中,宏德公司要求查阅、复制塔祈公司自2005年11月至2008年12月的财务会计报告,以及查阅上述期间的公司财务账簿并不违反法律规定,塔祈公司也没有证据证明宏德公司的以上请求存在不正当目的,故应对宏德公司的请求予以支持。

## 例案三 | 澳华资产管理有限公司与海南华森印务有限公司股东知情权纠纷案

**【法院】**

海南省海口市中级人民法院

**【案号】**

(2019)琼01民终47号

**【当事人】**

原告:澳华资产管理有限公司

法定代表人：胡某某

被告：海南华森印务有限公司

法定代表人：黄某

**【基本案情】**

澳华资产管理有限公司（以下简称澳华公司）诉称，2012年4月23日，北京市高级人民法院作出（2009）高民初字第3776号民事调解书，于2017年3月20日通过北京市第一中级人民法院强制执行程序在海南省工商行政管理局将中国光大国际信托投资公司（以下简称光大信托公司）持有的海南华森印务有限公司（以下简称华森公司）20%股权变更至澳华公司名下。之后，双方对澳华公司后续如何行使股东权利、履行股东义务通过信函往来方式交涉多次未果。2017年6月26日，澳华公司向华森公司邮寄函件，要求查阅、复制华森公司章程，查阅华森公司2007年1月至今的会计账簿。华森公司签收该邮件后于2017年7月3日发函回澳华公司，拒绝澳华公司的要求。澳华公司申请未果，故诉至法院要求判令：（1）华森公司将该公司自2007年1月起至澳华公司起诉之日止的股东会决议、股东会会议记录、公司章程、财务会计报告备置于公司住所地，供澳华公司查阅、复制；（2）华森公司将该公司自2007年1月起至澳华公司起诉之日止的公司会计账簿（会计账簿包括资产负债表、损益表、利润分配表、财务变动情况说明、注册会计师对财务报告出具的审验报告、总账、明细账、日记账、记账凭证以及与其相关的原始会计凭证资料等）备置于公司住所地，供澳华公司及其委托的具有执业资格的注册会计师进行查阅；（3）华森公司承担本案的全部诉讼费用。

华森公司辩称，不同意澳华公司的全部诉讼请求。（1）澳华公司的股东资格已被解除，包括股东知情权在内的相应的股东权利自然消失。澳华公司认为相关股东会议决议无效，提起了公司决议效力纠纷一案，对于股东会议决议是否有效必须等待生效判决书予以确认。根据《民事诉讼法》第150条的规定，本案诉讼必须以公司决议效力纠纷一案的审理结果为依据，而该公司决议效力纠纷一案尚未审结，一审法院应该依法裁定中止本案的诉讼。（2）光大信托公司没有实际履行出资义务，澳华公司通过法院诉讼调解和执行在海南省工商行政管理局登记取得20%股份后也未履行出资义务，双方往来函件已确认澳华公司未出资的事实。（3）《公司法》没有规定未出资股东就一定享有知情权。从《公司法》条文先后顺序看，先规定出资，后规定股东知情权，这种立法安排体现了股东的权利和义务一致的原则。对于没有出资的股东的权利和义务如何享有和承担，在法无明文规定的情况下，由公司自治安排,自主决定。本案对于没有出资的股东的权利和义务如何享有和承担,是通过召开董事会会议和股东会会议决议确定的,在公司决议未经生效的民事判决确认无效前,公司决议应认定有效,应作为确定股东权利义务的依据,不得在澳华公司未出资的情况下,仅凭工商登记就认定澳华公司享有知情权。

法院经审理查明:1994年6月3日,海南华森实业公司出资3000万元,成立华森公司,由黄某担任法定代表人。1997年9月4日,该公司股东变更为海南华森实业公司出资1500万元占股50%,海南金融印刷厂出资750万元占股25%,北京印钞厂出资150万元占股5%,光大信托公司出资600万元占股20%。2015年5月27日,该公司股东变更为海南华森实业公司出资额2400万元,占股80%,光大信托公司出资额600万元,占股20%。2009年7月1日,澳华公司起诉光大信托公司。2012年4月23日,北京市高级人民法院作出(2009)高民初字第3776号民事调解书,于2017年3月20日通过北京市第一中级人民法院强制执行程序在海南省工商行政管理局将光大信托公司(华森公司原股东)持有的华森公司20%股权变更至澳华公司名下。之后,双方对澳华公司后续如何行使股东权利、履行股东义务通过信函往来方式交涉多次未果。2017年6月26日,澳华公司为行使股东权利、履行股东义务,尽快解决历史遗留问题及了解公司经营状况向华森公司邮寄函件,要求查阅、复制华森公司章程,查阅华森公司2007年1月至今的会计账簿。华森公司签收该邮件后于2017年7月3日发函回澳华公司,拒绝澳华公司的要求。澳华公司申请未果,诉至法院。

海南省海口市秀英区人民法院作出一审判决:(1)华森公司于判决生效之日起10日内将其公司自2007年1月起至澳华公司起诉之日止的公司章程、股东会会议记录、董事会决议和财务会计报告置备于其办公场所供澳华公司查阅和复制;(2)华森公司于判决生效之日起10日内将其公司自2007年1月起至澳华公司起诉之日止的会计账簿、记账凭证置备于其办公场所供澳华公司及其委托的具有执业资格的注册会计师进行查阅;(3)驳回澳华公司的其他诉讼请求。华森公司不服,提起上诉。海南省海口市中级人民法院于2019年2月21日作出(2019)琼01民终47号二审判决:(1)维持海南省海口市秀英区人民法院(2017)琼0105民初6661号民事判决第3项;(2)变更海南省海口市秀英区人民法院(2017)琼0105民初6661号民事判决第1项为:"华森公司于判决生效之日起十日内将其公司自2007年1月起至澳华公司起诉之日止的公司章程、股东会会议记录和财务会计报告置备于其办公场所供澳华公司查阅和复制";(3)变更海南省海口市秀英区人民法院(2017)琼0105民初6661号民事判决第2项为："华森公司于判决生效之日起十日内将其公司自2007年1月起至澳华公司起诉之日止的会计账簿置备于其办公场所供澳华公司及其委托具有执业资格的注册会计师进行查阅。"

**【案件争点】**

(1)本案是否应当中止诉讼；(2)澳华公司是否为华森公司的股东，是否享有股东知情权；(3)一审判决认定的澳华公司行使股东知情权的范围和方式是否妥当。

**【裁判要旨】**

(1)关于本案是否应当中止诉讼的问题。华森公司以其于2017年11月21日召开股东会议，剥夺了澳华公司查阅、复制公司章程、股东会会议记录、董事会会议记录、监事会会议记录和财务会计报告以及查阅公司会计账簿的权利，解除了澳华公司的股东资格，而澳华公司认为上述股东会议决议无效，提起了公司决议效力纠纷，该案尚未审结为由，主张本案应当中止诉讼。对此，华森公司召开上述股东会议的日期晚于澳华公司提起本案股东知情权诉讼的日期，且澳华公司请求行使股东知情权的截止日期为提起本案诉讼之日，故华森公司召开的上述股东会议决议是否有效不会对澳华公司提起本案诉讼前的股东资格产生影响，本案诉讼不以公司决议效力纠纷一案的审理结果为依据，不需中止诉讼。

(2)关于澳华公司是否为华森公司的股东，是否享有股东知情权的问题。华森公司工商登记信息显示，澳华公司为其持股20%的股东，故确认澳华公司为华森公司的股东，具有事实依据。根据《公司法》第33条，股东享有知情权。该条规定并未禁止未足额出资的股东行使知情权，故澳华公司是否足额出资，不影响其作为华森公司的股东行使知情权。澳华公司已向华森公司提出书面请求，说明目的，理由正当合法，华森公司应依法提供相关公司文件材料供澳华公司查阅、复制。若澳华公司确实存在未足额出资的情况，华森公司可依据《公司法》的相关规定要求其足额缴纳。华森公司以其于2017年7月26日形成的2017年第一次股东会议决议"同意澳华公司在完全履行出资义务之前，无权行使其占有的华森公司20%股权所对应的利润分配请求权、股权转让权、剩余财产分配请求权等股东权利"为由，主张澳华公司无权行使股东知情权。但上述决议并未约定澳华公司在完全履行出资义务之前无权行使股东知情权，故对华森公司的该主张不予采纳。

(3)关于一审判决认定的澳华公司行使股东知情权的范围和方式是否妥当的问题。华森公司主张一审判决第一项包含的查阅、复制"董事会会议决议"的内容超出澳华公司诉讼请求范围,还主张一审判决要求华森公司置备“记账凭证”于办公场所供查阅不符合法律规定。对此,澳华公司并未请求查阅、复制董事会会议决议,一审判决华森公司将其公司自2007年1月起至澳华公司起诉之日止的董事会会决议置备于其办公场所供澳华公司查阅和复制,确已超出澳华公司诉讼请求范围,应予以纠正。《公司法》第33条第2款规定,股东可以要求查阅公司会计帐簿。澳华公司在诉讼请求中列明的会计帐簿的内容包括记账凭证。但《会计法》第13条第1款规定:“会计凭证、会计帐簿、财务会计报告和其他会计资料,必须符合国家统一的会计制度的规定。”第14条第1款规定:“会计凭证包括原始凭证和记帐凭证。”第15条第1款规定:“会计帐簿登记,必须以经过审核的会计凭证为依据,并符合有关法律、行政法规和国家统一的会计制度的规定。会计帐簿包括总帐、明细帐、日记帐和其他辅助性帐簿。”由此可见,会计凭证和会计账簿是并列关系而非包含关系,会计账簿包括总账、明细账、日记账和其他辅助性账簿。而记账凭证属于会计凭证的内容,不属于《公司法》第33条第2款规定的股东可以要求查阅的公司会计账簿的内容。一审判决对此认定不当,二审法院予以纠正。华森公司主张《最高人民法院关于适用〈中华人民共和国公司法〉若干问题的规定(四)》(以下简称《公司法解释四》)第10条只是规定律师、会计师等中介机构执业人员在股东在场的情况下可以辅助查阅公司材料,中介机构执业人员不能独立查阅会计账簿。但一审法院并未判令澳华公司委托的具有执业资格的注册会计师独自查阅会计账簿,而是判令澳华公司及其委托的具有执业资格的注册会计师查阅会计账簿,体现了注册会计师在澳华公司在场的情况下辅助其查阅会计账簿之意,并不违反上述法律规定。华森公司还主张,澳华公司在2017年3月20日前并非华森公司的股东,无权查阅2017年3月20日前的公司相关材料。对此,澳华公司的股权系从光大信托公司承继而来,而华森公司一直主张光大信托公司并未足额出资,要求澳华公司补足出资,故澳华公司作为承继股东有必要通过查阅2017年3月20日前的会计账簿、公司章程、股东会会议记录、财务会计报告等材料了解光大信托公司作为华森公司股东期间的信息,以便妥善行使股东权利、履行股东义务。故在法无禁止性规定的情况下,应对澳华公司主张查阅自2007年1月起至起诉之日止的公司相关信息的诉求予以支持。

## 三、裁判规则提要

《公司法》第33条规定:“股东有权查阅、复制公司章程、股东会会议记录、董事会会议决议、监事会会议决议和财务会计报告。股东可以要求查阅公司会计账簿。股东要求查阅公司会计账簿的，应当向公司提出书面请求，说明目的。公司有合理根据认为股东查阅会计账簿有不正当目的，可能损害公司合法利益的，可以拒绝提供查阅，并应当自股东提出书面请求之日起十五日内书面答复股东并说明理由。公司拒绝提供查阅的，股东可以请求人民法院要求公司提供查阅。”该条围绕股东知情权的股东身份认定、具体内容、查阅权的行使等问题展开，同时《公司法解释四》亦对股东知情权相关问题做了进一步明确的规定。

根据《公司法》第33条的规定，股东知情权的行使主体为公司股东。究其立法原因，系股东作为有限责任公司财产的所有权人，有权决定公司如何开展生产经营活动并对公司事项进行决策，为了解决股东与管理层之间的信息不对称问题，便于监督管理层，维护股东的合法权益，故在公司法的立法层面赋予股东通过查阅公司的财务会计报告、会计账簿等有关公司经营、管理、决策的相关资料的权利，以了解公司的经营状况和监督公司高管人员活动。该权利系股东的法定权利，虽可以通过公司章程等对股东知情权的行使范围、时间、地点等予以限定，但根据《公司法解释四》第9条的规定，不得以公司章程、股东之间的协议实质性剥夺股东的知情权。有限责任公司的继受股东自继受该公司股份而获得公司股东身份之日起，即有权行使股东知情权。但关于继受股东对其继受前的公司状况是否享有知情权，目前司法实践裁判立场并不一致，在现有立法并未明确规定继受股东无权查阅继受前公司特定文件材料的情况下，有少数观点认为，因继受股东于其继受股东资格之日起得享有股东知情权，故其依法可以查阅、复制的仅为其持股期间的公司特定文件材料，无权对其继受前的公司状况享有知情权。该观点之缪误在于，将股东依法享有知情权的起始时间与股东有权查阅的财务会计资料时间范围相混淆。本书支持的裁判规则为，继受股东依法有权查阅的公司特定资料的范围原则上应不仅限于其成为股东之后的公司文件资料，亦即继受股东对其继受前的公司状况享有知情权。具体理由如下：首先，股东知情权属于商法调整范围，法无禁止即为允许。《公司法解释四》第7条对原告在起诉时及在诉讼中应具有股东身份资格提出了持续性的要求，但并没有对特定文件材料的时间范围进行限制。其次，由于公司运营是一个整体、延续性的过程，只有股东对公司全部的运营状况充分掌握，对公司的历史全面了解，才能有效行使股东的其他权利并履行股东义务。继受股东加入前的公司经营管理政策及财物状况必然影响公司的后续发展，直接关系到继受股东的切身利益，如果拒绝公司的继受股东行使对其加入公司前的公司信息的知情权，将导致继受股东获得的相关信息残缺不全,减损股东知情权的制度价值,有悖于股东知情权的立法目的。再次,会计是以货币作为计量单位,以一套完整的、科学的专门技术、程序和方法完整地、系统地、全面地反映企业财务状况、经营成果和现金流量的一种经济管理活动。其连续性体现为,会计核算要持续反映,中间不能有任何间断,才能保障会计信息的有效提供。只有对获取股东身份前后的资料都有权查阅,才可能对公司会计信息全面了解。最后,继受股东通过支付股权转让对价受让前手股东享有的全部股东权利,有权查阅自公司成立之日起的公司特定文件资料。

## 四、辅助信息

**高频词条:**

**《公司法》**

**第三十三条** 股东有权查阅、复制公司章程、股东会会议记录、董事会会议决议、监事会会议决议和财务会计报告。

股东可以要求查阅公司会计账簿。股东要求查阅公司会计账簿的,应当向公司提出书面请求,说明目的。公司有合理根据认为股东查阅会计账簿有不正当目的,可能损害公司合法利益的,可以拒绝提供查阅,并应当自股东提出书面请求之日起十五日内书面答复股东并说明理由。公司拒绝提供查阅的,股东可以请求人民法院要求公司提供查阅。

# 公司股东权利行使与责任案件裁判规则第 6 条：
## 有限责任公司股东仅依据《公司法》第 33 条之规定请求查阅公司会计凭证的，人民法院不予支持，但公司章程对此有特殊规定的除外

〔**规则描述**〕：对于有限责任公司股东能否查阅会计凭证的问题，司法实践分歧巨大。根据《会计法》的相关规定，会计凭证与会计账簿、财务会计报告并非同一概念，且不存在包含关系。而《公司法》第 33 条规定的有限责任公司股东有权查阅的会计资料并不包括会计凭证，因此，有限责任公司股东请求查阅会计凭证，并没有直接的法律依据。但有法官认为，如果不允许有限责任公司股东查阅会计凭证，则无法核实会计账簿、财务会计报告的真实性，《公司法》设立股东知情权制度的目的将落空，因此应当允许有限责任公司股东查阅会计凭证。例案三根据《公司法》关于财务、会计制度的规定，从公司章程约定的角度，结合公司财务制度的实际运行情况，确立了公司未履行向股东提供经审计的财务会计报告的法定义务，有限责任公司股东可依据章程约定请求查阅会计凭证的裁判规则。

### 一、类案检索大数据报告

截至 2020 年 3 月 31 日，以“股东知情权”“会计凭证”“有限责任公司”为关键词，通过 Alpha 案例库共检索到类案 3137 件，经逐案阅看、分析，与本规则关联度较高的案件共有 2782 件。因其中存在同一案件的一审、二审、再审裁判，严格意义上应将其认定为一起案件（同时还有套案因素等，实质上争议的焦点问题是相同的），故剔除前述情形后，实际共有 1739 件案件。整体情况如下：

从类案地域分布看，涉案数最多的地域是北京市，共 240 件；其次是广东省，共 231 件。

从类案结案时间看，最多的年份是 2018 年，共有 441 件；其次为 2019 年，共有 434 件。

从案件经历的审理程序看，只经过一审程序的共计 580 件，经过一审、二审两审程序的共计 1131 件，经过一审、二审及再审程序的共计 28 件（如图 6 - 1 所示）。

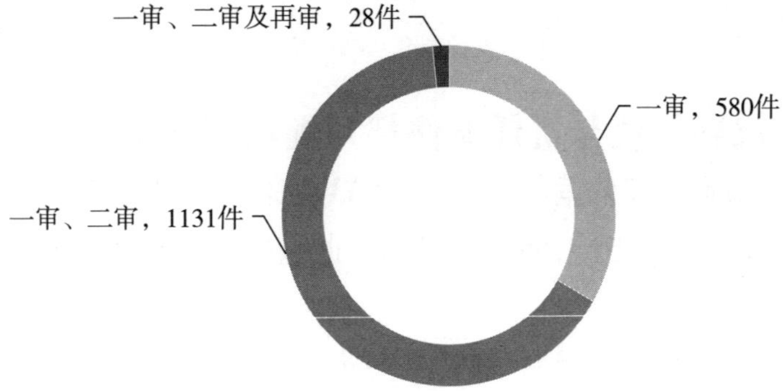


**图6－1　类案经过的审理程序**

从案件的最终裁判结果看,支持股东查阅公司会计凭证的共计1116件,占比64.17%;未支持股东查阅会计凭证的共计623件,占比35.83%(如图6－2所示)。

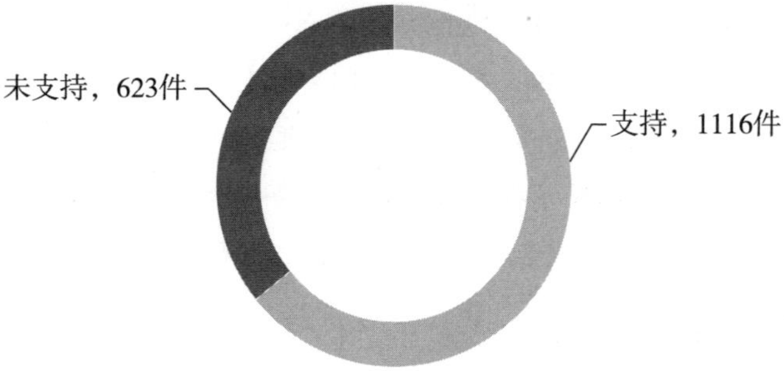


**图6－2　类案的最终裁判结果**

## 二、可供参考的例案

### 例案一　富巴投资有限公司与海融博信国际融资租赁有限公司股东知情权纠纷案①

**【法院】**

最高人民法院

**【案号】**

(2019)最高法民申6815号

① 通过Alpha案例库、中国裁判文书网查询检索,本案一审、二审判决书及再审裁定书均可检索到。

**【当事人】**

再审申请人（一审原告、二审被上诉人）：富巴投资有限公司

代表人：王某某，该公司董事

被申请人（一审被告、二审上诉人）：海融博信国际融资租赁有限公司

法定代表人：韩某某，该公司董事长

**【基本案情】**

海融博信国际融资租赁有限公司（以下简称海融博信公司）于 2015 年 2 月 27 日设立，公司类型为有限责任公司（台港澳与境内合资），注册资本为 3000 万美元，股东为北京海融博信管理咨询有限公司（以下简称海融博信公司）、富巴投资有限公司（以下简称富巴公司）。

2018 年 3 月 27 日，北京市国乐律师事务所律师李某某代表富巴公司向海融博信公司、贾某某发出律师函，载明：海融博信公司成立至今已近三年时间，但富巴公司至今不了解其经营状况及财务状况。为准确了解海融博信公司真正的经营管理状况和财务状况，现富巴公司依据我国公司法及有关规定，特委托律师以本律师函方式对海融博信公司提出书面请求，要求海融博信公司将自公司成立以来的全部公司章程，股东会会议记录，董事会会议决议，监事会会议决议，财务会计报告，公司会计账簿（含总账、明细账、日记账、其他辅助性账簿），以及会计凭证（含记账凭证、相关原始凭证及作为原始凭证附件入账备查的合同等有关资料）的原件完整备置于海融博信公司的住所地以供富巴公司律师查阅和复制，并向其完整提供上述材料的纸质复印件。海融博信公司于 2018 年 3 月 28 日收到该律师函后至今未答复。故富巴公司向法院提起诉讼，请求：(1)海融博信公司将其成立以来的公司章程、股东会会议记录、董事会会议决议、监事会会议决议、财务会计报告的原件完整备置于其住所地以供富巴公司查阅和复制，并向富巴公司完整提供上述材料的纸质复印件；(2)海融博信公司将其成立以来的公司会计账簿（含总账、明细账、日记账、其他辅助性账簿）和会计凭证（含记账凭证、相关原始凭证及作为原始凭证附件入账备查的有关资料）的原件完整备置于其住所地以供富巴公司查阅。

**【案件争点】**

富巴公司是否有权查阅海融博信公司的原始会计凭证。

**【裁判要旨】**

《公司法》第 33 条规定："股东有权查阅、复制公司章程、股东会会议记录、董事会会议决议、监事会会议决议和财务会计报告。股东可以要求查阅公司会计账

簿。股东要求查阅公司会计账簿的,应当向公司提出书面请求,说明目的。公司有合理根据认为股东查阅会计账簿有不正当目的,可能损害公司合法利益的,可以拒绝提供查阅,并应当自股东提出书面请求之日起十五日内书面答复股东并说明理由。公司拒绝提供查阅的,股东可以请求人民法院要求公司提供查阅。”据此,查阅、复制公司章程、股东会会议记录、董事会会议决议、监事会会议决议和财务会计报告是股东的权利,股东查阅公司会计账簿应以没有不正当目的且不会损害公司合法利益为前提。富巴公司系海融博信公司的股东,股东对于公司的运营状况享有知情权,有权查阅公司的相关资料。《会计法》第 13 条第 1 款规定:“会计凭证、会计帐簿、财务会计报告和其他会计资料,必须符合国家统一的会计制度的规定。”第 14 条第 1 款规定:“会计凭证包括原始凭证和记帐凭证。”根据前述法律的规定,会计账簿不包括原始凭证和记账凭证。股东知情权和公司利益的保护需要平衡,故不应当随意超越法律的规定扩张解释股东知情权的范畴。《公司法》仅将股东可查阅财会资料的范围限定为财务会计报告与会计账簿,没有涉及原始凭证,二审判决未支持富巴公司查阅海融博信公司原始凭证的请求,并无不当。《会计法》第 9 条未赋予股东查阅公司原始凭证的权利,北京市高级人民法院的指导意见不具有司法解释的效力,富巴公司依据以上规定请求再审本案之主张,不能成立。

综上,富巴公司的再审申请不符合《民事诉讼法》第 200 条第 6 项规定的情形。该院依照《民事诉讼法》第 204 条第 1 款、《最高人民法院关于适用〈中华人民共和国民事诉讼法〉的解释》第 395 条第 2 款的规定,裁定:驳回富巴投资有限公司的再审申请。

## 例案二 云浮市中南房地产开发有限公司、云浮市寰宇房地产开发有限公司股东知情权纠纷案[①]

**【法院】**

广东省高级人民法院

**【案号】**

(2019)粤民申 6937 号

---

① 通过 Alpha 案例库、中国裁判文书网查询检索,本案仅有二审判决书、再审裁定书,没有一审判决书。

【当事人】

再审申请人（一审原告、二审被上诉人）：云浮市中南房地产开发有限公司

法定代表人：蒋某某，该公司总经理

被申请人（一审被告、二审上诉人）：云浮市寰宇房地产开发有限公司

法定代表人：关某某

【基本案情】

云浮市寰宇房地产开发有限公司（以下简称寰宇公司）是于2005年6月16日设立的有限责任公司，公司注册资本为640万元，法定代表人为关某某，其中云浮市中南房地产开发有限公司（以下简称中南公司）认缴出资160万元，关某某认缴出资48万元，何某认缴出资414万元，许某某认缴出资18万元。公司章程及工商登记均记载了上述各股东于2005年12月16日实缴出资，其中股东中南公司于2005年12月16日以土地使用权的出资方式实缴出资。中南公司称一直没有参与寰宇公司的经营管理，2018年3月19日、4月2日，董事蒋某某、谭某某向寰宇公司的法定代表人邮寄了要求召开董事会临时会议的提议，并在提议书中载明需要了解公司的经营情况、财务状况等经营信息，复印相关财务报表。2018年8月3日，中南公司再次向寰宇公司及其法定代表人、董事长关某某邮寄申请书，该申请书主要载明："我司拥有云浮市寰宇房地产开发有限公司的25%的股份，系公司的合法股东，但对公司的经营状况、借款使用情况完全不了解。现公司对外的借款已经到期却不能如期偿还，为了解公司实际的运营情况，以便更好地对公司事务进行决策表决，积极行使股东权利。现我司根据《公司法》第三十三条规定，依法行使我司的股东知情权。申请查阅范围：1.请求提供公司成立至今期间的股东会决议、董事会会议决议、监事会决议和财务会计报告，以供我司查阅、复制；2.请求提供公司成立至今各年度的会计账簿（含总账、明细账、日记账及其他辅助性账簿）和会计凭证（含记账凭证、相关原始凭证及应作为原始凭证附件入账备查的有关材料），以供我司查阅，了解公司经营情况。对于上述请求，请公司接到本申请书之日起十五天内给予书面回复，并准备好相关材料，以便我司到场查阅、复制。"上述EMS邮政特快专递单上填写的涉及收件人的有关信息为：收件人关某某（同时填写了手机号码），单位名称为寰宇公司，邮件查询网站显示邮件投妥。但寰宇公司对中南公司要求行使股东知情权的请求未作出回应，并在庭审中辩称邮递单没有寰宇公司的盖章或签名，不予确认。

另查明，2013年3月5日，中南公司、寰宇公司与案外人云浮市某房地产开发

有限公司根据云浮市"三旧"改造办《拟同意对练屋村"三旧"用地计划改造的通知》(云旧改办通[2012]1号)及《关于出具11个"三旧"改造重点项目规划设计条件的复函》(云国土规划函[2013]81号)的精神,为加快项目用地的开发建设,加强项目用地的建设管理,三方就项目用地开发建设的有关事宜签订一份《合作开发建设"三旧"改造项目用地协议书》。

**【案件争点】**

查阅公司的会计凭证是否属于股东知情权范围。

**【裁判要旨】**

二审法院认为,根据《公司法解释四》第7条第1款,"股东依据公司法第三十三条、第九十七条或者公司章程的规定,起诉请求查阅或者复制公司特定文件材料的,人民法院应当依法予以受理",《公司法》第97条"股东有权查阅公司章程、股东名册、公司债券存根、股东大会会议记录、董事会会议决议、监事会会议决议、财务会计报告,对公司的经营提出建议或者质询",以及《公司法》第33条的规定,股东查阅、复制公司材料范围应限于《公司法》或公司章程规定的范围,中南公司要求查阅的会计凭证并不属于《公司法》或上诉人章程已赋予的股东知情权范围。

再审法院认为,股东查阅、复制公司材料的范围限于《公司法》或公司章程规定的范围,现行相关法律法规、司法解释及寰宇公司章程中并未规定股东行使知情权的范围包括查阅公司的会计凭证,二审法院未予支持中南公司要求查阅寰宇公司会计凭证的请求,并无不当。

## 例案三 | 黄冈市电力开发公司、黄冈赛洛天然气有限公司股东知情权纠纷案①

**【法院】**

湖北省黄冈市中级人民法院

**【案号】**

(2017)鄂11民终526号

**【当事人】**

上诉人(原审原告):黄冈市电力开发公司

法定代表人:刘某某,总经理

---

① 通过Alpha案例库、中国裁判文书网查询检索,本案仅有一审、二审判决书,没有再审文书。

上诉人(原审被告)：黄冈赛洛天然气有限公司

法定代表人：杨某某，董事长

**【基本案情】**

2004年8月9日，黄冈赛洛天然气有限公司(以下简称赛洛公司)在黄冈市工商行政管理局登记成立，黄冈市电力开发公司(以下简称电力公司)系该公司股东。

赛洛公司章程第44条规定，公司的财务账簿及凭证要符合国际会计原则和中国相关法律法规。账簿及其附属文件应正确、完整，能及时准确反映公司的财务状况，并能在正常营业时间，在不干扰正常工作的情况下，随时接受甲方、乙方或丙方(电力公司)及其委托者的审查。第48条规定，各方均可承担费用聘请一家在中国注册的会计师事务所，于每个会计年度结束后12个月内审核该会计年度公司的账目。公司必须给予合作，提供审计师要求的账簿、财务记录及所要求的其他资料以及必要说明，并提供实施该项审计所需要的一切方便。如果有疑问，审计一方可将有关疑问提交董事会，董事会应在收到疑问后30日内给予书面回复。

2016年，电力公司向赛洛公司书面去函，要求赛洛公司对2015年度财务账目进行审计，以及要求赛洛公司提供会计凭证、会计账簿、会计报表等，赛洛公司亦回函同意对2015年度财务账目进行审计以及查阅相关报表凭证等，但双方就相关细节沟通发生纠纷，故电力公司诉至法院。

**【案件争点】**

电力公司行使股东知情权的范围及方式。

**【裁判要旨】**

一审法院认为，赛洛公司章程约定，各方均可承担费用聘请一家在中国注册的会计师事务所，于每个会计年度结束后12个月内审核该会计年度公司的账目。据此，电力公司可以申请对赛洛公司2015年度会计账目进行审计(遂判决赛洛公司提供审计师或会计师要求的会计账目及会计凭证)。电力公司主张复制会计账簿以及审计其他会计年度账目，公司法未做规定，赛洛公司章程亦无此规定，该主张一审法院依法不予支持。

二审法院认为，赛洛公司章程第44条约定了股东随时“审查”账簿及附属文件，在第48条又特别约定了“审计”条款，详细规定了审计的发起、方式、费用承担等内容。在章程第48条特别约定审计条款时，应认定章程第44条约定的审查不包括审计，且审计是专用名词，与审查的含义、内容、目的均不相同，不应将赛洛公司章程约定的“审查”认定为包含“审计”，故对电力公司提出的赛洛公司章程第44

条约定“审查”包括“审计”的上诉理由,二审法院不予支持。对其请求审计2004年度至2014年度赛洛公司会计账簿和会计凭证的上诉理由,二审法院不予支持。其主张复制2004年度至2015年度赛洛公司会计账簿和会计凭证的上诉理由,无法律依据,赛洛公司章程亦无相应规定,二审法院不予支持。

## 三、裁判规则提要

有限责任公司股东能否依据《公司法》第33条请求查阅公司会计凭证,是对审判实务困扰良久的一个问题。我国《公司法》第33条规定:“股东有权查阅、复制公司章程、股东会会议记录、董事会会议决议、监事会会议决议和财务会计报告。股东可以要求查阅公司会计账簿。股东要求查阅公司会计账簿的,应当向公司提出书面请求,说明目的……”该条以列举的形式规定了股东知情权的范围,即公司章程、股东会会议记录、董事会会议决议、监事会会议决议和财务会计报告以及会计账簿。其中,会计账簿,是指以会计凭证为依据,由具备专门格式并以一定形式联结在一起的账页所组成,用来序时地、分类地记录和反映各项经济业务的簿籍。实践中的分歧点便源自对上述“会计账簿”外延范围的理解,即是否应当包含“会计凭证(含记账凭证、相关原始凭证及作为原始凭证附件入账备查的有关资料)”。截至当前,审判实务对此问题“同案不同判”的现象依然十分普遍。

### (一)基于立法目的,“会计凭证”应当涵摄于“会计账簿”

支持股东查阅会计凭证的一方认为,对于《公司法》第33条规定的会计账簿,应当采用目的解释的方法,即从切实保护股东知情权的目的出发,将会计凭证列入其中。《会计法》第14条第1款规定,会计凭证包括原始凭证和记账凭证。而根据该法第15条第1款的规定,会计账簿登记必须以经过审核的会计凭证为依据。由此可见,会计凭证是会计账簿所载内容真实性得以验证的根据,查阅会计凭证也是查阅会计账簿的应有之义。如果只允许股东查阅会计账簿而不允许其查阅会计凭证,则犯了形式主义的错误,股东无法将会计账簿内容与最真实的原始凭证相比对,很难获得充分、真实、全面的公司各项信息。只有允许股东查阅会计凭证,才能实现保障股东知情权、维护股东权益的立法目的。同时,需要指出的是,该观点并不是一味地支持股东查阅会计凭证,在检索到的部分案例中,由于公司行业特殊或会计凭证涉及商业秘密等,法院对股东申请查阅会计凭证的主张仍未予以支持。

### （二）反对盲目扩张解释，法律并未赋予股东查阅会计凭证的权利

对于不支持股东查阅会计凭证的一方，其观点主要为：从合法性上来看，我国是成文法国家，法院作出判决必须有明确的法律依据，要严格依照法律规定进行裁判。《公司法》第33条采用了列举的规定方式，具体、明确地指出了股东有权查阅或复制的6种文件，且在列举类型之后并未采用"等"的表述，这是立法者有意使用的立法技巧。《会计法》第13条第1款规定："会计凭证、会计帐簿、财务会计报告和其他会计资料，必须符合国家统一的会计制度的规定。"由此可见，在会计制度中，会计凭证与会计账簿属于并列概念，并不存在包含的关系。因此，在章程未有规定的前提下，仅依据现有法律规定无法得出股东有权查阅会计凭证的结论。股东知情权固然需要保护，但公司的整体利益同样需要保护，将会计凭证涵摄于会计账簿之中，属于肆意超越法律的规定、扩张解释股东知情权的行为。同时，虽然股东仅凭会计账簿未必能完全知晓公司的经营状况，但是即使允许其查阅会计凭证，鉴于大多数股东并不具有财会专业背景，限于其专业能力，其未必能够实现核实公司会计账簿报告真实性的目的，反而会扰乱公司的正常经营秩序，也存在泄漏公司商业秘密及重要经营信息的风险。

### （三）类判规则指引："有法可依，有章可循"应成为裁判前提

2016年4月12日，最高人民法院发布了《关于适用〈中华人民共和国公司法〉若干问题的规定（四）（征求意见稿）》，该征求意见稿第16条规定："有限责任公司的股东起诉请求查阅公司会计账簿及与会计账簿记载内容有关的记账凭证或者原始凭证等材料的，应当依法受理。公司提供证据证明股东查阅记账凭证或者原始凭证等有不正当目的，可能损害公司合法利益的，应当驳回诉讼请求。"该条明文规定了股东有权查阅会计凭证，这一争论多年的实践困局也终于看到了破解的曙光，然而，在最终出台的《公司法解释四》的正式版本中，最高人民法院还是删除了此条的相关内容。通过该行为所折射出的背后含义，足以看出当前最高人民法院对于有限责任公司股东查阅会计凭证的权利仍未予以认可。与此同时，在紧随《公司法解释四》出版的理解与适用指导丛书中，针对此问题也提出了"人民法院应当严格按照法律和司法解释处理案件，不应当随意超越法律和司法解释的规定"之看法。虽然目前已有一些地方高级人民法院（如北京市、山东省、江西省）出台了相关的指导意见，支持符合条件的股东查阅公司会计凭证，但此类意见毕竟不属于司法解释

范畴,不具有足以让法院依据其内容作出裁判的法律效力。笔者认为,在当前纷扰的环境背景下,更应当从合法性的角度出发,严格依照法律规定判案,反对肆意扩张会计账簿的范围,使判决结果经得起法律及时间的检验。

然而,现实中的情形包罗万象,严格刻板地“一刀切”也未必能实现全面的效果。《公司法解释四》第7条第1款规定:“股东依据公司法第三十三条、第九十七条或者公司章程的规定,起诉请求查阅或者复制公司特定文件材料的,人民法院应当依法予以受理。”公司章程是股东之间通过意思自治的方式就公司设立、经营管理、成员权利义务等事宜进行约定而形成的准则性文件。公司章程作为公司的宪章,其内容是各股东之间权利博弈的结果,在章程内容不违反法律禁止性规定的情况下,章程中对于股东权利义务的规定应当得到支持。实践中,有些公司章程直接规定了符合条件的股东可以查阅会计凭证,对此种情形下的会计凭证查阅请求,法院应当予以支持。而在另一些情形中,章程并未直接规定股东查阅会计凭证的权利,只是规定了股东可以对特定财务事项自行委托会计师事务所进行审计(如前述例案三),鉴于审计过程中必然需要查阅会计凭证,此种情形应视为章程对股东查阅会计凭证权利进行的默许,因此,股东查阅会计凭证的请求同样应当得到支持。

此外,在公司章程未进行上述规定的前提下,若起诉一方的股东在诉讼中通过举证,初步证明了公司会计账簿存在内容造假嫌疑,那么法院也应当依据公平原则,适当调整举证责任的分配,要求公司举出会计凭证对会计账簿内容的真实性进行解释说明。

## 四、辅助信息

**高频词条:**

**《公司法》**

**第三十三条** 股东有权查阅、复制公司章程、股东会会议记录、董事会会议决议、监事会会议决议和财务会计报告。

股东可以要求查阅公司会计账簿。股东要求查阅公司会计账簿的,应当向公司提出书面请求,说明目的。公司有合理根据认为股东查阅会计账簿有不正当目的,可能损害公司合法利益的,可以拒绝提供查阅,并应当自股东提出书面请求之日起十五日内书面答复股东并说明理由。公司拒绝提供查阅的,股东可以请求人民法院要求公司提供查阅。

**《公司法解释四》**

**第七条** 股东依据公司法第三十三条、第九十七条或者公司章程的规定，起诉请求查阅或者复制公司特定文件材料的，人民法院应当依法予以受理。

公司有证据证明前款规定的原告在起诉时不具有公司股东资格的，人民法院应当驳回起诉，但原告有初步证据证明在持股期间其合法权益受到损害，请求依法查阅或者复制其持股期间的公司特定文件材料的除外。

**第九条** 公司章程、股东之间的协议等实质性剥夺股东依据公司法第三十三条、第九十七条规定查阅或者复制公司文件材料的权利，公司以此为由拒绝股东查阅或者复制的，人民法院不予支持。

**第十条** 人民法院审理股东请求查阅或者复制公司特定文件材料的案件，对原告诉讼请求予以支持的，应当在判决中明确查阅或者复制公司特定文件材料的时间、地点和特定文件材料的名录。

股东依据人民法院生效判决查阅公司文件材料的，在该股东在场的情况下，可以由会计师、律师等依法或者依据执业行为规范负有保密义务的中介机构执业人员辅助进行。

**第十一条** 股东行使知情权后泄露公司商业秘密导致公司合法利益受到损害，公司请求该股东赔偿相关损失的，人民法院应当予以支持。

根据本规定第十条辅助股东查阅公司文件材料的会计师、律师等泄露公司商业秘密导致公司合法利益受到损害，公司请求其赔偿相关损失的，人民法院应当予以支持。

# 公司股东权利行使与责任案件裁判规则第7条:

## 有限责任公司股东请求查阅公司会计账簿,公司抗辩主张股东查阅会计账簿有不正当目的的,应从合理根据、损害公司合法利益可能性两方面综合认定

〔**规则描述**〕:《公司法》第33条第2款规定了“不正当目的”作为否认股东查账权的事由,但并未规定认定“不正当目的”的标准,导致股东知情权有因此被侵害之虞。出于正当目的是我国公司法对于股东行使正当会计账簿查阅权的主要要件上的规定。但是,“正当目的”是一个相对模糊的概念,法律应当给予更明晰的界定。为了保护股东知情权,合理认定“不正当目的”,《公司法解释四》立足审判实践,对股东可能存在“不正当目的”的情形进行了列举加概括式规定。根据该规定,认定“不正当目的”时,一是必须“可能损害公司合法利益”,由于损害后果并未发生,对“可能”只能通过常理进行推断,但应当达到较大可能性;二是必须有合理根据,由于“不正当目的”属于主观心理,只能借助股东的客观行为来合理认定或者进行法律推断。

### 一、类案检索大数据报告

截至2020年3月31日,以“有限责任公司”“会计账簿”“具有不正当目的”为关键词,通过Alpha案例库共检索到类案1062件,经逐案阅看、分析,与本规则关联度较高的案件共有340件。因其中存在同一案件的一审、二审、再审裁判,严格意义上应将其认定为一起案件(同时还有套案因素等,实质上争议的焦点问题是相同的),故剔除前述情形后,实际共有238件案件。整体情况如下:

从类案地域分布看,涉案数最多的是地域是北京市,共52件;其次是江苏省,共27件。

从类案结案时间看,最多的年份是2019年,共有76件;其次为2018年,共有62件。

从案件经历的审理程序看,只经过一审程序的共计35件,经过一审、二审两审程序的共计196件,经过一审、二审及再审程序的共计7件(如图7-1所示)。

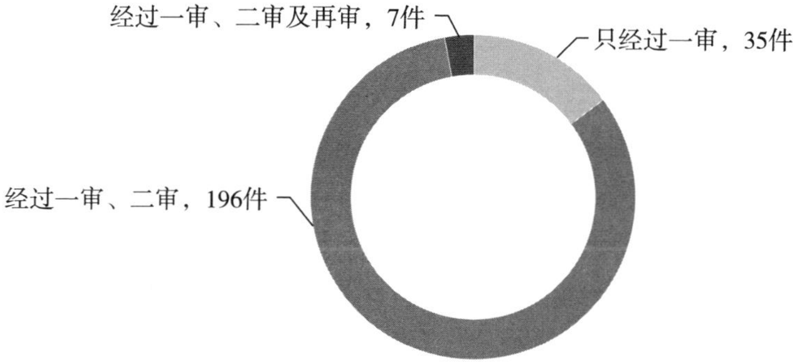


**图7－1　类案经过的审理程序**

## 二、可供参考的例案

### 例案一　仲益国际有限公司、苏州仲益电机设备有限公司与喻某某与公司有关的纠纷案①

**【法院】**

江苏省高级人民法院

**【案号】**

(2018)苏民终1190号

**【当事人】**

上诉人(一审被告)：仲益国际有限公司

法定代表人：郭某1，该公司董事长

上诉人(一审被告)：苏州仲益电机设备有限公司

法定代表人：郭某2，该公司执行董事

被上诉人(一审原告)：喻某某

**【基本案情】**

苏州仲益电机设备有限公司(以下简称电机公司)设立于2013年11月6日，系台港澳法人独资有限责任公司，股东为仲益国际有限公司(以下简称仲益公司)，注册资本为50万美元，法定代表人为郭某2。

2014年6月18日，仲益公司(甲方)与喻某某(乙方)签订《隐名股东投资协议

① 通过Alpha案例库、中国裁判文书网查询检索，本案仅有一审、二审判决书，没有再审文书。

书》一份,约定:由甲乙双方向电机公司投资,甲方作为显名股东登记于公司的章程、股东名册或其他工商登记材料之中;甲方名义出资50万美元中有乙方实际投入人民币467,797.5元,乙方的出资在2013年8月全部到位,乙方的出资方式为现金出资,已用于公司前期的厂房、办公室的建设和装修;乙方享有公司15%的股权,甲方享有公司85%的股权,公司每年的利润及相关利益按照甲乙双方的持股比例进行分配,并且每年6月15日分配上一年度的经营及销售利润,甲乙双方分得的利润是否投入公司之后的生产经营由其自行决定;乙方在公司的经营中负责销售及售后服务,甲方在公司的经营中负责生产技术;乙方享有公司经营管理权、知情权,乙方有权在每月15日查阅公司账簿,甲方应予以配合。关于公司可能发生的诸如增资、股权转让、增加股东等重大事项,甲方应当提前30日以书面形式通知乙方,双方重新协商是否增资、股权转让、增加股东等重大事项等事宜,非双方协商一致,甲方不得进行增资、股权转让、增加股东等重大事项等事宜;如果甲方未按协议约定向乙方分配利润及相关利益或阻止乙方行使本协议约定的权利,即视为甲方违约,甲方应向乙方支付违约金人民币100万元;本协议的订立、效力、解释、履行和争议的解决均受中华人民共和国法律的管辖,因执行本协议而发生的争议,各方可协商解决,协商不能解决的,由电机公司所在地人民法院管辖等。郭某2在协议落款见证人处签字并加盖印章,边上加盖电机公司印章。2017年3月6日喻某某向电机公司、仲益公司邮寄发送《通知函》(邮寄收件人为郭某2、单位名称为电机公司、仲益公司,地址为苏州市相城区太平镇聚金路××),该函称:喻某某作为电机公司的隐名股东,要求仲益公司、电机公司在收到本通知函之日起10日内主动将电机公司自2013年9月至今的公司账簿提交喻某某审阅,包括但不限于会计凭证、会计账簿、会计报表、纳税申请材料等。该邮件因拒收而被退回。

喻某某一审中明确其要求仲益公司提交电机公司账簿供其查阅的依据或者说请求权基础是前述协议的相关约定。具体理由:第一,仲益公司作为电机公司的股东能够获得电机公司的账簿;第二,该协议签订时电机公司在其上盖章和确认,对协议的内容电机公司系明知和确认的,对喻某某有权查阅电机公司账簿的约定也是确认的。

**【案件争点】**

喻某某是否有权查阅电机公司账簿,是否具有不正当目的。

**【裁判要旨】**

根据我国《公司法》以及相关司法解释的规定,股东有权查阅公司的财务会计报告,也可以要求查阅公司会计账簿,但公司有合理根据认为股东查阅会计账簿有不正当目的，可能损害公司合法利益的，可以拒绝提供查阅；有限责任公司有证据证明股东经营与公司主营业务有实质性竞争关系业务的，人民法院应当认定股东有不正当目的。根据本案查明的事实，喻某某系与电机公司经营业务基本相同的公司的股东、销售负责人，并且其曾于2016年6月与电机公司发生过严重矛盾。由于公司会计账簿中一般记载有对公司经营存在重要影响的客户信息、价格信息等内容，根据上述事实，虽然喻某某根据《隐名股东投资协议书》的约定有权查阅电机公司账簿，但电机公司拒绝喻某某查阅公司会计账簿的理由能够成立，一审法院判决电机公司提供会计账簿供喻某某查阅不当，法院予以纠正。

## 例案二 | 包头市鹏联自动化有限责任公司与刘某股东知情权纠纷案[①]

**【法院】**

内蒙古自治区高级人民法院

**【案号】**

(2019)内民申2820号

**【当事人】**

再审申请人(一审被告、二审上诉人)：包头市鹏联自动化有限责任公司

法定代表人：夏某某，董事长

被申请人(一审原告、二审被上诉人)：刘某

**【基本案情】**

2003年3月17日，包头市鹏联自动化有限责任公司(以下简称鹏联公司)设立登记，登记的住所地为广汇商城×区×排×号，股东为刘某、夏某某，分别出资10万元、40万元。选举夏某某为执行董事，刘某为监事，并确定公司章程。鹏联公司自成立后按规定每年进行工商年检登记。2013年开始通过国家企业信用信息公示系统对公司进行年检备案，鹏联公司对其企业资产状况选择为不公示。

2011年8月8日，鹏联公司变更注册地为内蒙古包头市××区。2017年12月19日，刘某向鹏联公司法定代表人夏某某邮寄《关于召开股东会会议的通知》，会议内容为：(1)公布和审查包头市鹏联自动化有限责任公司成立至召开股东大会的所有账务账册；(2)确定公司的盈余分配方案。2017年12月20日夏某某签收。

---

① 通过Alpha案例库、中国裁判文书网查询检索，本案仅有二审判决书、再审裁定书，没有一审判决书。

鹏联公司的股东刘某、夏某某对公司盈余分配未形成决议。现刘某起诉要求行使股东知情权,查阅相关资料。

刘某同时系包头市全能电气设备有限责任公司(以下简称全能公司)的股东、法定代表人并担任总经理职务,该公司的经营范围与鹏联公司存在部分重合。

**【案件争点】**

全能公司与鹏联公司是否存在实质性竞争关系,刘某申请查阅会计账簿是否具有不正当目的。

**【裁判要旨】**

《公司法》第33条规定,股东有权查阅、复制公司章程、股东会会议记录、董事会会议决议、监事会会议决议和财务会计报告。股东可以要求查阅公司会计账簿。股东要求查阅公司会计账簿的,应当向公司提出书面请求,说明目的。公司有合理根据认为股东查阅会计账簿有不正当目的,可能损害公司合法利益的,可以拒绝提供查阅,并应当自股东提出书面请求之日起15日内书面答复股东并说明理由。公司拒绝提供查阅的,股东可以请求人民法院要求公司提供查阅。刘某作为鹏联公司股东,依法应享有股东知情权。刘某按法律规定向鹏联公司提交了要求查阅公司相关材料的书面申请,并说明了目的,鹏联公司法定代表人夏某某收到书面申请,未在法定期限内给予答复,刘某已具备向法院起诉请求查阅公司相关材料的条件。鹏联公司主张刘某系全能公司的股东、法定代表人并担任总经理职务,该公司的经营范围、经营业务与鹏联公司存在部分重合,其申请查阅公司会计账簿可能损害鹏联公司的利益,但鹏联公司的公司章程中并无对公司监事竞业禁止的约定,鹏联公司亦未提供证据证明全能公司与鹏联公司之间存在实质性竞争关系的业务及刘某申请查阅会计账簿具有不正当目的,存在可能损害公司利益的事实,鹏联公司的该项再审申请理由不能成立。原审判决认定事实及适用法律并无不当。综上,鹏联公司的再审申请不符合《民事诉讼法》第200条规定的再审情形。

## 例案三 | 四川融易典当有限公司与四川沣通实业有限公司股东知情权纠纷案

**【法院】**

四川省高级人民法院

**【案号】**

(2018)川民再664号

**【当事人】**

再审申请人（一审被告、二审上诉人）：四川融易典当有限公司

法定代表人：韦某，该公司执行董事

被申请人（一审原告、二审被上诉人）：四川沣通实业有限公司

法定代表人：王某，该公司执行董事

**【基本案情】**

2014年4月3日，四川沃尔格汽车有限公司、四川沣通实业有限公司（以下简称沣通公司）、周某、黎某、万某某、蒋某某参加由韦某召集召开的股东会并形成股东会决议，会议讨论通过四川融易典当有限公司（以下简称融易典当公司）章程共16章79条；决定设立融易典当公司，并选举韦某任法人代表，公司股东由四川沃尔格汽车有限公司、沣通公司、周某、黎某、万某某、蒋某某组成。2014年5月15日，融易典当公司成立，法定代表人为韦某，公司住所地为成都市高新区天府大道北段966号天府国际金融中心×号楼×层。融易典当公司章程第12条“股东的权利”载明：“一、出席股东会，并根据出资比例享有表决权；二、股东有权查阅股东会会议记录和公司财务会计报告……”第27条规定：“本公司不设董事会，只设执行董事一名……”公司章程中对各股东身份、持股比例等均进行了记载。

2016年10月12日，沣通公司与周某共同向融易典当公司致函《关于要求行使股东知情权、查账权的函并附召开临时股东会会议的提议》，内容如下：(1)查询目的：由于公司自成立至今从未向股东通报过年度经营情况，而今年公司经营状况又不明朗，作为公司股东要求行使知情权和查账权；(2)查询范围：查阅、复制公司成立至今的公司章程、股东会会议记录和财务会计报告、会计账簿，以及相对应的财务原始凭证。另外，提议于2016年10月31日14:30在公司会议室召开临时股东会，讨论重新选举和任命公司法定代表人事宜。2016年10月14日，融易典当公司作出《关于部分股东要求查阅会计账簿及原始凭证的回函》，回复如下：(1)公司自成立开始到2015年度的财务信息已经在2014年度、2015年度的股东会上由财务人员向各股东进行了汇报，各位股东也在相关的分红方案上进行了签字确认并实际领取分红款。2016年3月至今的财务信息及经营情况亦会在2016年度第二次股东会定期会议上进行报告和说明，各位股东在查询目的中提出的“公司自成立至今从未向股东通报过年度经营情况”，要求查询上述资料的目的与事实不符。(2)公司现有股东担保业务或者直接作为债务人的业务已严重逾期，股东作为利害关系人查询公司会计账簿以及相对应的财务原始凭证将损害公司的正当权益。综上，

公司认为部分股东提出的查询目的与事实不符,并依据《公司法》第33条之规定,不予提供会计账簿以及相对应的财务原始凭证。

融易典当公司于2016年10月28日召开2016年第2次股东会,该次会议议程的第8项内容为:部分股东发函要求查阅、复制公司会计账簿及原始凭证的问题,发函股东是现公司诉讼案件债务人的担保人,是诉讼案件的利害关系人,公司不能向发函股东提供。该次股东会会议的决议为选举万某某为公司监事。

2017年1月22日,沣通公司通过全球邮政特快专递向融易典当公司住所地邮寄《查阅请求函》,请求函内容如下:为全面了解公司运营及财务状况、规范公司的财务制度和经营管理、维护股东的知情权和合法权益,特发出本函要求查阅相关材料。查阅范围为:(1)自公司成立至今的公司章程、股东会会议记录、执行董事决议记录;(2)自公司成立至今的财务会计报告;(3)自公司成立至今的全部会计账簿(包括所有的记账凭证、原始凭证、原始凭证附件)。该邮件于2017年1月25日由同事签收。

另查明,(1)2016年10月28日,蒋某某、黎某的委托人张某某、沣通公司的代表人冯某某参加了融易典当公司股东会。蒋某某、张某某、冯某某复制了公司章程、公司自2014年3月9日至2016年3月27日期间召开股东会的会议纪要、股东会决议以及2016年《财务部工作汇报》、2016年《资产负债表》《合并利润及利润分配表》等材料。

(2)2017年3月21日,一审法院立案受理融易典当公司起诉沣通公司、冯某某民间借贷纠纷一案。

一审庭审中,沣通公司与融易典当公司共同确认,因融易典当公司与四川融易控股有限公司的股东构成、股东持股比例均一致,故融易典当公司召开的股东会亦即四川融易控股有限公司召开的股东会。

**【案件争点】**

沣通公司等股东要求查阅公司会计账簿是否具有不正当目的,存在可能损害公司合法利益的情形。

**【裁判要旨】**

《公司法解释四》第8条规定:“有限责任公司有证据证明股东存在下列情形之一的,人民法院应当认定股东有公司法第三十三条第二款规定的‘不正当目的’:(一)股东自营或者为他人经营与公司主营业务有实质性竞争关系业务的,但公司章程另有规定或者全体股东另有约定的除外;(二)股东为了向他人通报有关信息查阅公司会计账簿，可能损害公司合法利益的；（三）股东在向公司提出查阅请求之日前的三年内，曾通过查阅公司会计账簿，向他人通报有关信息损害公司合法利益的；（四）股东有不正当目的的其他情形。”本案中，融易典当公司主张沣通公司等股东查阅公司会计账簿具有不正当目的，根据其提交的证据材料看，沣通公司等在相关人员或者股东与融易典当公司发生诉讼争议或执行案件的过程中，在本案中反复主张其公司知情权，确有不合常理的情形，但无论沣通公司等是否是融易典当公司起诉的债务人（被执行人），或相关税务稽查事项的举报人，融易典当公司提交的证据尚不足以证明沣通公司存在上述司法解释规定的“不正当目的”的4种情形，不能据此否定沣通公司等的知情权，故对融易典当公司的该主张因证据不足，不予采信。一审、二审法院认定融易典当公司并无充分证据证明沣通公司等行使知情权具有不正当目的，可能损害公司合法利益，该认定并无不当。

## 三、裁判规则提要

### （一）“不正当目的”在实践中的认定应从客观情形及损害发生可能性两方面入手

股东知情权，是指公司股东基于出资后获得的股东身份而享有的掌握公司经营管理等重要信息的权利，在现代公司“所有权与管理权相分离”的背景下，股东知情权是股东行使所有权，继而保障其资产收益、参与重大决策和选择管理者等其他权利的前提和基础。

正是基于以上制度基础及设权目的，理想情形下，股东行使知情权应当得到支持。然而，现实生活中股东往往具备多重身份，若公司章程未规定股东负有竞业禁止义务，在利益存在交叉、冲突的情形下，部分股东的权利行使目的便超出了上述合理范围，从而具备了“不正当性”。

《公司法》第33条规定的“不正当目的”，是指以损害公司合法利益为代价，通过掌握公司相关会计信息并加以利用、传播，为股东自身或他人攫取利益的行为目的。“不正当目的”属于当事人主观的内在心理活动，实践中的证明难度较大。当前，我国《公司法》第33条第2款规定：“……公司有合理根据认为股东查阅会计账簿有不正当目的的，可能损害公司合法利益的，可以拒绝提供查阅，并应当自股东提出书面请求之日起十五日内书面答复股东并说明理由……”该规定虽未直接对“不正当目的”的认定作出详细说明，但却从“有合理根据”“可能损害公司合法利益”两个方面给出了判断指引。同时，《公司法解释四》第8条对具备“不正当目的”的客观情形作出了列举加概括式的规定:“有限责任公司有证据证明股东存在下列情形之一的,人民法院应当认定股东有公司法第三十三条第二款规定的‘不正当目的’:(一)股东自营或者为他人经营与公司主营业务有实质性竞争关系业务的,但公司章程另有规定或者全体股东另有约定的除外;(二)股东为了向他人通报有关信息查阅公司会计账簿,可能损害公司合法利益的;(三)股东在向公司提出查阅请求之日前的三年内,曾通过查阅公司会计账簿,向他人通报有关信息损害公司合法利益的;(四)股东有不正当目的的其他情形。”“合理根据”需具备一定的客观表象,《公司法解释四》所列的上述特定情形,为股东客观行为具备“不正当目的”的认定提供了初步参照。此外,对“不正当目的”进行合理认定还应结合“可能损害公司合法利益”进行考量,做到认定上的“质”与“量”兼备。

### (二)“合理根据”应以《公司法解释四》第 8 条所列情形为判断标准

《公司法解释四》通过对客观情形进行列举并加以概括,旨在将证明对象类型化,从而降低当事人证明难度及法院的认定难度。第一种情形“股东自营或者为他人经营与公司主营业务有实质性竞争关系业务的,但公司章程另有规定或者全体股东另有约定的除外”,首先赋予公司对此进行意思自治的权利,即公司可通过章程或全体股东间的约定对该情形予以排除。在未有章程规定或全体股东约定的情形下,审判中的判断重点应在于“主营业务”及“实质性竞争关系”:主营业务一般应依据公司营业执照上所载明的业务范围进行对比,此为形式层面之判断;“实质性竞争关系”则包含多种情形,仅从主营业务范围进行判断,依据并不完备,在实践中,还应添加对主营业务独特性、业务涵盖区域以及客户群体等因素的综合考量,此为实质层面之判断。在实践的认定过程中,形式与实质要件缺一不可。第二种情形“股东为了向他人通报有关信息查阅公司会计账簿,可能损害公司合法利益的”,应着重审查,股东向他人通报相关公司信息后,导致公司合法利益受损的可能性。对此种可能性,下文第三部分将展开详细论述,此处暂且不表。第三种情形与第二种类似,并在其基础上加入了限定条件,即“三年内”“曾损害公司合法利益”,使该情形性质从或然性变为必然性,此等变化使当事人及法院有了既往事实可循,“不正当目的”的认定难度大为降低,实践中此种情形下的认定障碍并不多见。

现实生活中的情形复杂多样,仅此 3 种情形注定难以涵盖,为防止挂一漏万,除此 3 种客观情形以外,《公司法解释四》第 8 条第 4 项进行了兜底规定,即“股东有不正当目的的其他情形”。对于兜底条款的理解，应紧扣前述 3 种情形，并结合立法目的，从客观行为的相似性、结果的同质性等方面加以综合判断。

### （三）“可能损害公司合法利益”要求证明损害结果的发生具有较大可能性

“可能损害公司合法利益”的结果要件在《公司法》第 33 条、《公司法解释四》第 8 条第 2 项里被明确列出，但在除《公司法解释四》第 8 条第 3 项所列的必然情形外，该条规定的其他情形也蕴含了对该结果要件的内在要求。然而，“可能损害公司合法利益”仅是一种可能性，损害后果尚未实际发生，因此对其的证明并非“是或否”的排他认定，而是在盖然性程度进行的单一维度延伸，这就造成了审判实践中的判断尺度不统一、类案结果不一致，影响法院裁判的公正与权威。

目前，在我国民事诉讼领域，除极个别证明事项外（如《最高人民法院关于适用〈中华人民共和国民事诉讼法〉的解释》第 109 条规定的欺诈、胁迫），通用的证明标准为高度可能性标准。然而，对于股东查阅会计账簿的行为“可能损害公司合法利益”来讲，其本身便体现一种或然性。对于或然性的证明，若强行苛以高度可能性的证明标准，则未免会造成逻辑混乱、自相冲突的窘境。但从另一个角度讲，在支持股东行使知情权的同时，还应注意防止知情权遭滥用而影响公司业务开展。因此，既不能对“可能损害公司合法利益”设置过高的证明标准，也不宜将标准设置过低，从而导致股东知情权的正常行使遇到阻碍。实践中，欲证明股东行为“可能损害公司合法利益”这一或然结论具有高度可能性，其证明的实质意义应该为发生损害公司合法权益的必然结果具有较大可能性，①即负有举证义务的公司只需证明股东行使知情权有较大可能（≥50%）导致公司的合法利益受损，即完成了举证证明责任。

## 四、辅助信息

**高频词条：**

**《公司法》**

**第三十三条**　股东有权查阅、复制公司章程、股东会会议记录、董事会会议决议、监事会会议决议和财务会计报告。

---

① 杜万华主编、最高人民法院民事审判第二庭编著：《最高人民法院公司法司法解释（四）理解与适用》，人民法院出版社 2017 年版，第 185 页。

股东可以要求查阅公司会计账簿。股东要求查阅公司会计账簿的,应当向公司提出书面请求,说明目的。公司有合理根据认为股东查阅会计账簿有不正当目的,可能损害公司合法利益的,可以拒绝提供查阅,并应当自股东提出书面请求之日起十五日内书面答复股东并说明理由。公司拒绝提供查阅的,股东可以请求人民法院要求公司提供查阅。

**《公司法解释四》**

**第八条** 有限责任公司有证据证明股东存在下列情形之一的,人民法院应当认定股东有公司法第三十三条第二款规定的"不正当目的":

(一)股东自营或者为他人经营与公司主营业务有实质性竞争关系业务的,但公司章程另有规定或者全体股东另有约定的除外;

(二)股东为了向他人通报有关信息查阅公司会计账簿,可能损害公司合法利益的;

(三)股东在向公司提出查阅请求之日前的三年内,曾通过查阅公司会计账簿,向他人通报有关信息损害公司合法利益的;

(四)股东有不正当目的的其他情形。

# 公司股东权利行使与责任案件裁判规则第 8 条：
## 股东以股东会或者股东大会决议中其签名系伪造为由，请求撤销决议或者确认决议不成立，但公司有证据证明该股东事先对代签名知情或者事后予以追认，人民法院不予支持。如果股东对代签名事先不知情、事后未追认，但对决议未产生实质影响或者不符合《公司法解释四》第 5 条规定的情形，人民法院不予支持

〔**规则描述**〕：股东会或者股东大会决议中代股东签名行为归根结底属于单一的民事法律行为，然而要对该民事法律行为是否对公司决议行为效力产生影响进行评价，应当从两个层面展开：层面一，应当对该民事法律行为的效力进行评价，那么，行为人是否具备民事行为能力、意思表示是否真实、行为内容是否合法 3 个要件应是缺一不可的。而股东签名代签，就涉及意思表示真实与否的认定。在具体案件中，涉及代签问题，即应对是否为股东真实意思表示进行审查，如若股东事先授权或明知代签而默示或事后明确真实，都应属股东真实意思表示，此时股东以代签为由对股东会决议提出异议，不应支持；如若股东确不知情的代签，虽然股东的民事法律行为的效力因要件缺乏而受影响，但该影响是否必然影响公司决议行为的效力，则应结合《公司法》及司法解释关于决议不成立、撤销的相关规定进行评价。例如，股东以代签为由主张股东会决议不成立，应结合《公司法解释四》的规定，在代签基础上进一步审查公司是否存在未召开会议或者未对决议事项进行表决等导致决议不成立的法定情形。又如，股东以代签为由主张撤销股东会决议，应结合《公司法》第 22 条第 2 款的规定，在代签基础上进一步审查会议表决方式是否存在严重瑕疵且对决议产生实质影响。

### 一、类案检索大数据报告

截至 2020 年 3 月 31 日，以“股东会决议”“代签”“公司决议纠纷”为关键词，通过 Alpha 案例库共检索到类案 654 件，经逐案阅看、分析，与本规则关联度较高的案件共有 554 件。因其中存在同一案件的一审、二审、再审裁判，严格意义上应将其认定为一起案件，同时还有不同股东因对同一家公司同一份股东会决议有异

议而提起的多起诉讼,实质上争议的焦点问题是相同的,剔除前述情形后,实际共有 347 件案件。整体情况如下:

从类案地域分布看,涉案数最多的地域是北京市,共 56 件;其次是江苏省,为 29 件,类案主要地域分布如图 8 - 1 所示。

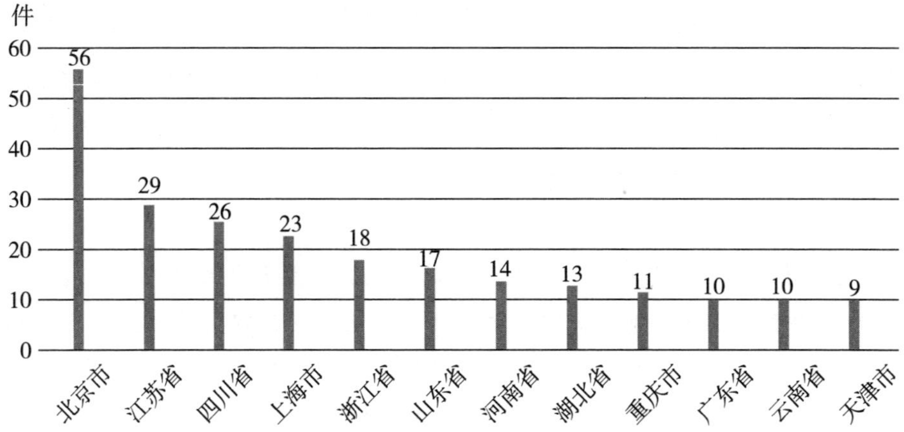


**图 8 - 1　类案主要地域分布**

从类案结案时间看,最多的年份是 2018 年、2019 年,均有 64 件;其次为 2017 年,有 52 件。

从案件经历的审理程序看,只经过一审程序的共计 182 件,经过一审、二审两审程序的共计 148 件,经过一审、二审及再审程序的共计 17 件(如图 8 - 2 所示)。

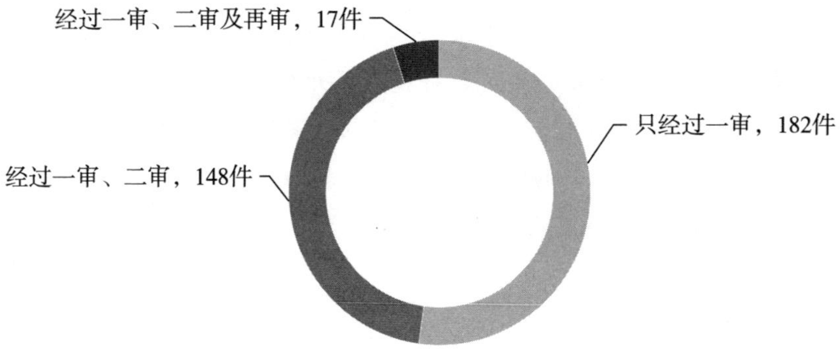


**图 8 - 2　类案经过的审理程序**

## 二、可供参考的例案

### 例案一 | 上海筱颢酒店管理有限公司与夏某某等公司决议效力确认纠纷案

**【法院】**

上海市第一中级人民法院

**【案号】**

(2020)沪01民终345号

**【当事人】**

上诉人(原审被告):上海筱颢酒店管理有限公司

法定代表人:夏某某

被上诉人(原审原告):夏某某

原审第三人:沈某某

原审第三人:吴某

原审第三人:陆某某

原审第三人:闻某某

**【基本案情】**

上海筱颢酒店管理有限公司(以下简称筱颢公司)上诉称:(1)夏某某对2017年4月28日的股东会决议内容是知晓的。根据筱颢公司一审提供的微信聊天记录、企业代理协议、电子邮件内容可知,夏某某知晓筱颢公司工商登记变更的《企业名称变更预先核准通知书》、经营范围变更、股东身份信息在网站上变更、新领取的营业执照,以及《股东会决议》《股权转让协议》《章程》《广告承诺书》,并且未曾否认上述内容,也未提出异议,可以代表夏某某当时的真实意思表示。(2)夏某某对2017年4月28日的股东会决议内容是认可的。该股东会决议形成前后,所有股东在现实场合对股东会决议内容进行过讨论和确认,微信上仅是讨论的一部分体现,公司名称变更、发送的图片涉及股东会决议内容。夏某某在"筱颢之家董事会"微信群中回复过微信群名的确认等信息,夏某某对群聊涉及的内容没有提出任何反对或疑惑的意见,应视为对股东会决议的认可,且发送给夏某某的电子邮件中有需要夏某某签字认可的全套文件。(3)2017年9月7日签署的《股东协议》内容包括了股东身份信息、公司名称变更、股东出资额及股份比例等内容,基本包括了2017年4月28日的股东会决议内容,经鉴定,《股东协议》是夏某某签署,应视为夏某某对2017年4月28日的股东会决议内容的确认。(4)本案诉讼发生在筱颢公司就夏某某侵占公司财产问题提起诉讼之后,夏某某是为了对侵占公司财产纠纷案件造成影响才提起本案诉讼。(5)即便夏某某对2017年4月28日的股东会决议内容中关于股权转让及股东身份问题有异议,也应以目前的工商登记信息为准,本案中股东身份是合法的,即便夏某某否认,该股东会决议所作内容的表决比例也已经达到70%,不应撤销上述变更登记。故上诉请求:撤销一审判决,改判驳回夏某某一审全部诉讼请求或发回重审。

夏某某辩称:(1)股东会决议没有经过正常程序,没有召开股东会,没有股东签字确认,整个股东会程序不合法。(2)夏某某从来没有认可过股东会决议内容,即便认可也应通过开会而不是通过微信确认,且股东会决议上的签字经鉴定非夏某某本人所签。(3)夏某某对股东会决议内容、股权转让以及其他股东的情况均不知晓,即便《股东协议》经过鉴定,5份检材中只有1份认定为夏某某本人所签,其余均非夏某某本人所签。(4)侵占公司财产案件与本案起诉不存在先后关系。(5)股东会决议是虚假的签字,不能因为多数人认可就认定为有效。

原审第三人吴某、陆某某述称:认可筱颢公司的上诉请求及依据的事实与理由。

原审第三人沈某某述称:请求驳回夏某某一审全部诉讼请求。

原审第三人闻某某述称:根据往来邮件、微信聊天记录、《股东协议》等证据,可以证明夏某某对系争股东会决议内容是知晓并同意的,系争股东会决议上的签字非夏某某亲笔签名系夏某某故意为之。请求二审法院依法判决。

法院经审理查明:2015年2月10日,筱颢公司成立,注册资本为100万元,股东为夏某某及第三人沈某某。

2017年4月28日,筱颢公司形成股东会决议,载明:……(1)同意第三人吴某受让夏某某持有的筱颢公司5%的股权……(4)公司名称由"上海××有限公司"变更为"上海筱颢酒店管理有限公司";(5)公司经营范围变更为:酒店管理、旅游咨询、企业管理咨询、商务信息查询、市场营销策划、市场信息咨询与调查(不得从事社会调查、社会调研、民意调查、民意测验),会务服务、展览展示服务、企业形象策划、文化艺术交流策划、设计、制作各类广告……以上事项表决结果:同意的100%。第三人在该股东会决议上签字,该股东会决议上夏某某的签名并非夏某某本人所签。

2017年4月28日,夏某某与第三人签署股权转让协议,载明:……夏某某将其持有的筱颢公司5%股权作价1元转让给第三人吴某……第三人在该股权转让协议上签字，该股权转让协议上夏某某的签名并非夏某某本人所签。

另查明：根据夏某某的申请，一审法院委托华东政法大学司法鉴定中心对涉案股东会决议上夏某某签名的真伪进行鉴定。2019年3月27日，鉴定机构出具鉴定意见书，载明：日期为“2017年4月28日”、留有“夏某某”签名字迹的《股东会决议》签名页上的“夏某某”签名字迹与样本材料上的“夏某某”签名字迹非同一人所写。夏某某已预付鉴定费6000元。

又查明：夏某某首次就本案纠纷向一审法院提起诉讼的时间是2018年8月17日，案号为(2018)沪0120诉前调8240号，后夏某某撤回该案起诉。

上海市奉贤区人民法院作出一审判决：(1)确认筱颢公司于2017年4月28日作出的《股东会决议》不成立；(2)筱颢公司于判决生效之日起10日内向公司登记机关申请撤销基于上述2017年4月28日《股东会决议》所作的公司名称及经营范围的变更登记。筱颢公司不服，提起上诉。上海市第一中级人民法院于2020年1月20日作出二审判决：驳回上诉，维持原判。

**【案件争点】**

筱颢公司于2017年4月28日形成的股东会决议是否成立。

**【裁判要旨】**

第一，根据在案证据显示，筱颢公司及第三人均无证据证明该日的股东会经过提议、召集、通知、主持等程序，同时确认系争股东会决议相关事项及决议上夏某某的签字均系中介机构代办、代签。筱颢公司及第三人虽主张全体股东在现实场合中对股东会决议内容进行过讨论和确认，但亦未就此提供相应证据予以佐证。故法院有理由相信案涉股东会决议并未实际召开。第二，筱颢公司上诉主张，根据其原审提供的微信聊天记录、电子邮件、《股东协议》等证据可以证明夏某某对系争股东会决议内容是知晓的，而夏某某没有对此提出异议则应视为对股东会决议内容的认可。对此，法院认为，即便这些证据是真实的，也无法从中得出夏某某曾知晓各方要在2017年4月28日召开股东会并形成决议以及其认可系争股东会决议内容的结论，法院对筱颢公司该项上诉理由难以采信。第三，至于筱颢公司关于夏某某提起本案诉讼系为了影响另案诉讼以及系争股东会决议应以目前工商登记信息为准而不应予以撤销的上诉理由，无事实和法律依据，法院亦不予采信。故系争股东会决议不成立，据此作出的公司名称及经营范围的变更登记应予撤销。综上，筱颢公司上诉请求无事实和法律依据，不予支持，一审判决无误，依法予以维持。

## 例案二 | 欧某某与深圳市方向兴业有限公司公司决议效力确认纠纷案

**【法院】**

广东省深圳市中级人民法院

**【案号】**

(2019)粤03民终22145号

**【当事人】**

上诉人(原审原告):欧某某

被上诉人(原审被告):深圳市方向兴业有限公司

法定代表人:陈某某

原审第三人:黎某

原审第三人:黎某某

**【基本案情】**

欧某某上诉称:(1)一审法院未查明事实。首先,2017年8月和11月,欧某某因为处理相关商务事宜到深圳市市场监督管理局复印工商登记资料,发现深圳市方向兴业有限公司(以下简称方向兴业公司)于2014年10月10日私自将方向兴业公司[原深圳市奔腾行汽车服务有限公司(以下简称奔腾行公司)]法定代表人由黎某某变更为欧某某,申请材料中《申请书》《章程修正案》《变更决定》的签名都不是欧某某本人签名。为此,欧某某在一审程序中提交了笔迹申请鉴定书,但是,一审法院未予以司法鉴定,就错误认定了黎某某委任欧某某出任法定代表人。其次,根据奔腾行公司的章程,公司决议应当由股东作出,也就是应当由当时唯一股东黎某某签名作出的《章程修正案》《变更决定》才是合法有效的。一审法院也明知申报材料中根本没有黎某某签名,却认定其作出委托,明显有误。最后,2014年10月10日,欧某某根本不是奔腾行公司的法定代表人,当天的法定代表人是黎某某,因此,在《申请书》《章程修正案》《变更决定》上法定代表人的有权签字人应当是黎某某而非欧某某。这一事实在一审开庭中黎某某律师已经予以确认,一审法院既然认定了该《变更决定》是有瑕疵的,但却未作出该《变更决定》无效的判决,明显有误。(2)一审法院适用法律错误。《公司法》第22条第1~3款规定:"公司股东会或者股东大会、董事会的决议内容违反法律、行政法规的无效。股东会或者股东大会、董事会的会议召集程序、表决方式违反法律、行政法规或者公司章程,或者决议内容违反公司章程的,股东可以自决议作出之日起六十日内,请求人民法院撤销。股东依照前款规定提起诉讼的，人民法院可以应公司的请求，要求股东提供相应担保。”一审法院认为，本案应当适用《公司法》第22条第2款所规定的可撤销事宜，但是，该条款的适用主体是公司股东，而欧某某在2014年10月10日根本不是奔腾行公司的股东或法定代表人，在60日内也不知道被变更为法定代表人，故明显不适用该法律条款。方向兴业公司在2014年10月10日出具的《变更决定》，程序上未通过股东会或执行董事签字，“欧某某”的签字并非其本人所签，属于程序错误；内容上没有经过欧某某同意，无任何委托手续和欧某某的签名，违反了法律文件内容应当真实有效的基本法律要件，属于内容虚假违法的无效文件。欧某某在二审法庭调查程序中补充如下事实和理由：(1)一审法院剥夺了欧某某笔迹鉴定的权利，导致了《章程修正案》《变更决定》上欧某某签名的真实性无法确认，请求二审法院依法委托中介机构就2014年10月10日《章程修正案》《变更决定》上欧某某的签名进行笔迹鉴定。(2)一审法院未查明2014年10月10日公司的法定代表人究竟是谁，谁才有资格在章程修正案和变更决定上法定代表人处签名。在一审庭审中法官曾经当庭询问过黎某某的律师“到底2014年10月10日的法定代表人是谁”，当时欧某某以及黎某某的律师以及法官都通过查证2014年10月10日的公司登记资料，共同确认了当日的法定代表人是黎某某。也就是说，签订《章程修正案》《变更决定》的法定代表人只能是黎某某，而不应该是其他人。(3)一审法院在没有任何黎某某签名的文件的情况下，认定黎某某作出了书面委任，将其担任法定代表人的职务变更为欧某某。该表述有两个根本性错误：第一，查询本案所有的文件，没有任何一份文件有黎某某的签名，故一审法院称黎某某作出了委任，缺乏事实依据。第二，黎某某当时是持有100%股权的股东，其只是股东并非法定代表人，而一审法院的表述是黎某某将其担任法定代表人的职务变更给了欧某某，该表述有误，因为一审法院在庭审调查中已经确认了当时的法定代表人是黎某某。(4)一审法院法律适用错误。一审法院认为案件应该是申请撤销案件，但申请撤销案件的提起人应该是股东，当时股东只有黎某某，黎某某并未申请撤销。且两份文件的错误在于违反了《公司法》第61条的规定以及《民法总则》第143条的规定。也就是说，一人公司要作出变更法定代表人的决定时，应当采用书面形式并由股东签名，本案所涉文件内容上未体现这一点，应当认定为无效。故上诉请求：(1)确认方向兴业公司于2014年10月10日作出的《变更决定》上关于法定代表人变更为欧某某的决议内容无效；(2)改判将法定代表人变更为原法定代表人黎某某；(3)判令方向兴业公司承担律师费用1.5万元；(4)判令方向兴业公司承担本案全部诉讼费用。

黎某某诉称,一审法院认定事实清楚,适用法律正确,请求予以维持。在2014年9月1日欧某某与黎某某签订《企业经营转让框架协议》之后,欧某某已经成为公司实际控制人,所有的变更程序都是按照欧某某的要求作出,欧某某所主张的各项事实只能起到可撤销的法律后果,早已超过撤销权的行使期限。李某某的代书行为得到黎某某的确认,即使未提交书面证据,黎某某在庭审中再次确认,代书行为合法有效。

方向兴业公司、黎某经合法传唤,无正当理由拒不到庭参加诉讼,亦未发表答辩意见。

法院经审理查明:方向兴业公司成立于1994年3月19日,注册资本500万元。2014年10月11日,该公司企业名称由“深圳市奔腾行汽车服务有限公司”变更为现名称,法定代表人(执行董事)由黎某某变更为欧某某。2019年4月19日,该公司法定代表人变更为陈某某。2017年8月8日,方向兴业公司企业性质由自然人独资有限责任公司变更为有限责任公司;同日,该公司股东由黎某某(出资额500万元,出资比例100%)变更为欧某某(出资额350万元,出资比例70%)、黎某某(出资额150万元,出资比例30%)。

欧某某提供的工商登记查档件显示,2014年10月10日,奔腾行公司出具《变更决定》称,该公司已根据《公司法》及公司章程规定的议事方式和表决程序,作出下列变更决定,所议事项的会议记录该公司已存档备查:(1)公司名称由“深圳市奔腾行汽车服务有限公司”变更为“深圳市方向兴业有限公司”;(2)公司法定代表人、执行董事由“黎某某”变更为“欧某某”;(3)对公司经营范围进行变更。该《变更决定》上法定代表人签字处有“欧某某”字样签名,并加盖有“深圳市奔腾行汽车服务有限公司”字样印章。方向兴业公司章程第18条规定,股东职权包括委托或更换执行董事,决定有关执行董事的报酬事项等。欧某某主张,该《变更决定》上“欧某某”字样签名并非由其所签。

另查,欧某某与黎某某因股权转让产生纠纷,欧某某以黎某某为被告诉至法院,诉求:(1)判令撤销双方于2017年8月8日签订的《股权转让协议》;(2)判令撤销双方于2017年8月8日签订的公司章程;(3)判令撤销黎某某于2017年8月8日签订的股东会决议;(4)判令黎某某赔偿律师费3万元;(5)判令欧某某将其持有的方向兴业公司70%的股权变更给黎某某;(6)由黎某某承担本案诉讼费用。法院于2018年8月13日作出(2018)粤0306民初66号民事判决。法院查明,

2014年9月1日，奔腾行公司与欧某某签订《企业经营转让框架协议》。双方约定，欧某某自愿以购买方式接管奔腾行公司的整体经营权，欧某某有权变更企业名称；欧某某购买公司后，依法拥有奔腾行公司的设备、仓库材料、证件、零配件、人事、财务等；欧某某以50万元购买奔腾行公司，后经双方协商，以现金30万元支付购买金，余款20万元作为黎某某30%股权的入股款（深圳市方向汽车服务有限公司，暂定企业名称），该公司全部由欧某某经营管理，黎某某不参与经营管理，年终视业绩参与分红。同日，欧某某向奔腾行公司支付款项30万元。奔腾行公司于2014年10月11日将企业名称变更为“深圳市方向兴业有限公司”。2016年12月1日，欧某某、黎某某，案外人汤某某、吴某某签订《深圳市方向兴业有限公司内部股权分配决议书》。协议约定，欧某某出资额1,111,883元、占公司股权68%，黎某某出资20万元、占公司股权12%，吴某某出资10万元、占公司股权10%，汤某某出资10万元、占公司股权10%，四方投资方向兴业公司，根据投资额分配利润。2017年3月31日，欧某某、黎某某，案外人汤某某、吴某某签订《财务状况说明书》两份，分别确认2015年及2016年度方向兴业公司财务状况及每人分红金额，上述《财务状况说明书》均确认欧某某持股比例为68%。2017年8月8日，黎某某签署《股东决定》，决定将其持有的方向兴业公司70%的股权转让给欧某某，转让价款为1元。同日，欧某某与黎某某签订《股权转让协议书》。双方约定，黎某某将其持有的方向兴业公司70%的股权转让给欧某某，转让价款为1元，协议生效后，欧某某按受让后的股权比例分配利润、承担亏损。双方另签署《章程》，将公司股东变更为两人即欧某某、黎某某。庭审中，黎某某确认，《股权转让协议书》《章程》《股东决定》上的签名系由其秘书李某某代签。一审法院认为，该案所涉《股权转让协议书》并不存在《合同法》第54条规定的可撤销的情形，且虽然该协议上“黎某某”字样签名并非其本人所签，但其认可案外人李某某的代签行为且该协议已得到实际履行，欧某某依法并不享有《合同法》第48条规定的撤销权。一审法院判令驳回欧某某的全部诉讼请求。欧某某不服该民事判决，提起上诉，深圳市中级人民法院于2018年12月19日作出（2018）粤03民终21452号民事判决。深圳市中级人民法院认为，一审判决认定事实无误，予以确认，欧某某的上诉理由均不成立，深圳市中级人民法院判令驳回上诉，维持原判。

从2015年至今，先后有多宗以方向兴业公司为被告或被执行人的合同纠纷案件、提供劳务者受害责任纠纷案件和执行案件，裁判文书载明，欧某某系方向兴业公司法定代表人。

【案件争点】

奔腾行公司即变更后的方向兴业公司于2014年10月10日出具的《变更决定》的效力问题。

【裁判要旨】

本案系公司决议纠纷。奔腾行公司即更名后的方向兴业公司于2014年10月10日出具《变更决定》,将公司法定代表人变更为欧某某,欧某某以该《变更决定》中的"欧某某"的签名系伪造为由,主张该决定无效或可撤销或不成立。对此,法院评述如下:依照《民法总则》第133条的规定,民事法律行为是民事主体通过意思表示设立、变更、终止民事法律关系的行为。因此,民事法律行为的内容和对内效力,应当以当事人的真实意思表示和相对人对此知晓的内容为核心评判标准,而非外显的表达方式和表现形式。故认定欧某某的真实意思表示是本案的关键点。本案中,欧某某与奔腾行公司于2014年9月1日签订《企业经营转让框架协议》,约定该公司"自该日起全部由欧某某经营管理"并约定变更公司名称,在随后3年时间内,欧某某与其他民事主体先后签订《深圳市方向兴业有限公司内部股权分配决议书》《财务状况说明书》《股权转让协议书》,确认欧某某实际持有公司68%的股权并最终在公司工商登记资料上载明欧某某持有公司70%的股权。由此可见,欧某某在签订上述《企业经营转让框架协议》后,已作为公司大股东和实际控制人实际参与公司经营管理和利润分配;并且,公司也在同一份《变更决定》中履行该框架协议的约定,将公司名称予以变更;同时,在该框架协议签订后,从2015年至今,先后有多宗以方向兴业公司为被告或被执行人的合同纠纷案件、提供劳务者受害责任纠纷案件和执行案件,裁判文书载明,欧某某系方向兴业公司法定代表人;在本案纠纷之前,并无证据证明欧某某曾就涉案法定代表人变更事宜提出异议。综合以上因素,法院认为,作为参与公司经营管理和利润分配的大股东和实际控制人,欧某某诉称其在几年时间内对于公司将法定代表人变更为其本人毫不知情或者对于公司发生重大诉讼活动、相应裁判文书载明其系公司法定代表人毫不知情,明显有悖常理,欧某某对法定代表人变更事宜也并未向公司或其他相关主体提出异议,而且,将法定代表人变更为大股东或公司实际控制人的情形较为普遍,故即使涉案《变更决定》上欧某某的签名并非其本人所签,也应当认定欧某某已在事实上认可变更其为法定代表人。在此情形下,欧某某提出关于签名真伪的鉴定申请,对于本案的事实认定和结论已无意义,依照《最高人民法院关于适用〈中华人民共和国民事诉讼法〉的解释》第121条第1款的规定,对于欧某某的鉴定申请,一审法院未予准许处理得当，二审法院予以维持。

在变更欧某某为法定代表人期间，方向兴业公司工商登记的唯一股东系黎某某，根据《深圳市方向兴业有限公司内部股权分配决议书》《财务状况说明书》《股权转让协议书》显示，在股东内部，黎某某和欧某某的共同持股比例为 80% 或 100%。黎某某认可涉案法定代表人变更登记，而欧某某也已在事实上认可变更其为法定代表人，故该变更登记符合公司法和公司章程对于作出该决议的股东持股比例的要求，其内容亦未违反法律、行政法规的规定，现欧某某主张该变更决定无效或可撤销或不成立，缺乏事实和法律依据，也有悖诚实信用原则，不予支持。

## 例案三 | 蔚某与长春果品批发市场有限公司与公司有关的纠纷案

**【法院】**

吉林省高级人民法院

**【案号】**

(2019)吉民申 254 号

**【当事人】**

再审申请人(一审原告、二审上诉人)：蔚某

被申请人(一审被告、二审被上诉人)：长春果品批发市场有限公司

法定代表人：杨某某，该公司经理

**【基本案情】**

蔚某申请再审诉称：(1)根据《公司法》第 74 条的规定，二审判决认定公司延长经营期限的股东会决议有效和成立，蔚某要求收购股权诉讼请求的前提条件成立，因此该诉讼请求不应被驳回，应发回重审或改判。(2)股东会决议整体上有效或成立与否的问题，不影响蔚某的实体权益，蔚某只是强调该股东会决议对蔚某不生效、不成立，蔚某也无意撤销该股东会决议，蔚某以行使收购权为主要诉讼目的。一审中，蔚某就追加了投反对票的意思表示，并提出了蔚某的主要观点：无论该股东会决议是否有效或成立，该决议对蔚某均不成立和不生效的意思表示，这些意思表示都是为了产生对抗该股东会决议对蔚某产生约束力的法律效果。蔚某还向长春果品批发市场有限公司(以下简称果品公司)一再发出通知，表达和强调了蔚某不同意公司延期经营，要求重新召开股东会，蔚某作出将投下反对票的意思表示的情况下，已经等同于追加对该股东会决议投下了反对票。蔚某自始至终均无意撤

销该股东会决议，蔚某不关心股东会决议整体上的效力问题，而仅是请求法院依据“民事行为相对性”的原则和《公司法解释四》的相关规定，要求认定该股东会决议对蔚某不成立和不生效。这一请求目的只是强调蔚某不同意公司继续延期经营，对延期经营投下反对票，该决议对蔚某不产生效力。蔚某没有同意继续经营的意思表示。在蔚某的意思表达已经非常明确的情况下，一审、二审法院将对蔚某诉请的错误理解坚持到底，始终纠结于股东会决议效力的问题，对蔚某的主要诉请视而不见，把蔚某的主要诉讼请求消灭于无形。这是违背法官的专业素质和职业道德的。因此，法院应当正确理解蔚某的诉讼请求，而不应随意地曲解。(3)“任何人不能从其不法行为中获益。”这是法律的一个基本原则。果品公司在本案中一再违反法律，在蔚某完全无过错的情况下，却要求蔚某承担诉讼费。果品公司违反公司法强制性规定，不接受蔚某以合理价格收购股份的合理合法要求。在未通知蔚某参加股东会的情况下，擅自伪造了蔚某手写签名，其违法行为在一审、二审判决中均没有受到正确的法律评价，反而为蔚某诉讼请求设置重重障碍。(4)蔚某善意地等待股东会的召开，期待投下反对票以退出公司，却遭遇了伪造签名和被隐藏起来的股东会决议，在诉讼中还一再遇到难以预料的障碍。(5)回顾本案基本事实，蔚某作为公司的股东，因信赖《公司法》第 41 条“召开股东会会议，应当于会议召开十五日前通知全体股东”而持续等待公司召开股东会，并向果品公司发出通知，要求尽快召开股东会，并提出将在股东会上投下反对票，反对延长经营期限，并请公司依据《公司法》收购其持有的 1% 的股权，果品公司直至二审结束也未同意蔚某的正当合法要求。蔚某依据公司法善意地行使股东退出权；反之，果品公司是一再地违反《公司法》，不履行相关义务，是完全的过错方，果品公司应当承担对其不利的法律后果。

果品公司再审辩称：第一，蔚某的再审请求违反法律规定。蔚某的二审上诉中没有提出要求收购股权的请求，现其在再审请求中提出于法无据，再审法院不应当审理；另外，其二审上诉提出延长经营期限的股东会决议不生效和不成立，与一审提出的股东会决议不成立的诉讼请求不同，是一项新的诉讼请求，应当另行起诉。第二，《公司法》第 74 条有除斥期间的规定，蔚某提起诉讼超出了除斥期间，其诉讼请求不能成立。第三，蔚某提出股东会决议对其不生效和不成立，与其收购股权的诉讼请求相矛盾。第四，蔚某请求收购其股权实质是对长春市供销合作社联合社、对企业改制发布的一系列文件及实施行为的否认。

法院经审理查明：果品公司于 2007 年 4 月 24 日成立，注册资金 100 万元，长春供销兴合资产经营有限公司出资91万元控股91%，蔚某等果品公司经营者群体9人各出资1万元，蔚某占股1%。经营期限为2007年4月24日至2017年7月30日。2015年12月29日，果品公司召开股东会并作出决议，蔚某同意在明确未来股东权益的情况下与公司合作。2017年7月果品公司登记延长经营期限，延长为2007年4月24日至2027年7月30日。果品公司主张延长公司经营期限是根据股东会的决议申请登记变更的。蔚某主张对该股东会决议并不知情，决议上股东“蔚某”签字系伪造。果品公司对蔚某的该项主张予以认可。

长春市宽城区人民法院作出一审判决：(1)果品公司于2017年7月5日作出的关于延长公司经营期限的股东会决议对蔚某不生效和不成立；(2)驳回蔚某其他诉讼请求。蔚某不服，提起上诉。吉林省长春市中级人民法院作出二审判决：(1)撤销长春市宽城区人民法院(2018)吉0103民初1号民事判决；(2)驳回蔚某的诉讼请求。蔚某不服，提出再审申请，吉林省高级人民法院作出裁定：驳回蔚某的再审申请。

**【案件争点】**

1. 果品公司延期经营的股东会决议的效力问题；

2. 蔚某主张依据《公司法》第74条的规定由果品公司收购其1%股权问题；

3. 诉讼费用负担问题。

**【裁判要旨】**

(1)关于蔚某再审申请中主张的果品公司延期经营的股东会决议的效力问题。首先，一审中蔚某主张该股东会决议对其不生效和不成立，二审改为主张该股东会决议不成立。对此，二审法院认为蔚某一审诉请股东会决议对其不生效不属于民事诉讼案由裁判范围。其次，蔚某以股东会决议“蔚某”签名系伪造为由主张股东会决议对其不成立。一方面其主张情形不符合《公司法解释四》第5条规定的情形，另一方面其又不能提供证据证明股东会决议不成立的情形存在，是故驳回了蔚某的诉讼请求。最后，二审判决从未明确该股东会决议的效力为何。仅就股东会决议上“蔚某”签名伪造问题，蔚某亦可以通过正确行使诉权来维护其正当的股东固有权利和投资计划。作为理性的商主体，其有自由投资的权利，也有正当的权利救济途径，但如果其不正确行使权利，那么结果必然不能达到其投资或退出的目的。

(2)关于蔚某再审申请中主张依据《公司法》第74条规定由果品公司收购其1%股权问题。因蔚某不具备该条款规定的主体资格，故其诉讼请求不能得支持。

该条款规定,“对股东会该项决议投反对票的股东可以请求公司按照合理的价格收购其股权”。仅就本案而言,蔚某没有参加股东会,其不可能是对该项决议(经营期限延期事项)投反对票的股东。虽然其事后多次表示其意欲“投反对票”的意思,但相对于股东会该项决议还无法视为其投的是“反对票”。蔚某依据《公司法》第74条的诉讼请求只是假想其投了反对票而已,并不是现实。

对于蔚某提出的诉讼费用负担问题。因其选择诉讼救济方式存在错误或不当之处,基于“自己行为自己负责”的理论,其应当承担不利后果。故蔚某的该项再审申请主张不能成立,不予支持。综上,蔚某的再审申请不能成立,不予支持。

## 三、裁判规则提要

### (一)当前司法实践中的不同观点

当前,《公司法》及相关司法解释并未就股东签名代签对股东会决议效力的影响进行明确规定,《公司法》第22条第1款、第2款,《公司法解释四》第5条通过规定股东会决议的无效、可撤销以及不成立,为对股东会决议提出异议的股东提供了救济路径。司法实践中,股东作为原告多以上述规定提起公司决议效力确认、公司决议撤销之诉,诉求确认股东会决议无效、撤销或者不成立。针对不同类型的诉讼,司法实践中对该类问题也存在以下3类主要观点:一是无效说,认为意思表示真实是民事法律行为合法有效的要件之一,股东不知情情况下的股东会决议代签行为欠缺意思表示真实这一要件,该行为因违反了《民法典》第143条的规定而无效;二是可撤销说,认为股东不知情情况下的股东会或者股东大会决议代签应归属于会议表决方式的违法,股东可以自知道之日起60日内请求撤销;三是不成立说,认为在股东不知情情况下被代为签署股东会决议,并未得到股东事后追认,缺乏意思表示真实这一要件,从根本上不符合决议的本质要求,决议不成立。

### (二)裁判的理论依据及思路

股东会或者股东大会决议代签,通常是指公司股东会或者股东大会决议上股东签名非股东本人所签,而是由他人实施了代为签署的行为,该代签行为的发生通常基于以下原因:一是股东授权他人代为签名;二是公司没有召开股东会或者股东大会,伪造股东签名;三是公司召开股东会或者股东大会,伪造部分未出席会议股东签名。其中,后两种代签行为由于非股东真实意思表示,在未经股东事后追认的情况下，存在瑕疵。该瑕疵导致决议效力如何，是不成立，还是可撤销亦或因违反法律规定而无效，结合立法现状，对于股东会或者股东大会决议代签问题的效力认定，人民法院应结合案件具体情况注意区分不同情形进行处理。

首先，应明确代签行为本身的效力问题，判断是否欠缺真实意思表示。只有当欠缺真实意思表示这一前提成立，才需进一步确认欠缺真实意思表示的代签行为对决议效力的影响。如果基于股东事先授权或事后追认，代签行为本身要件齐备，成立并有效，即不存在以此为由对决议异议的前提。

其次，当明确代签行为本身欠缺真实意思表示这一要件后，就需进一步明确该行为对决议行为效力的影响。此时，便需要区分对是否成立、是否可撤销、是否无效的认定。

讨论该问题，需先述及股东会及决议的性质。股东会是有限责任公司的最高权力机构，由全体股东组成。公司作为法律拟制主体，其意志是股东个人意志通过决议行为转换而来的。“股东会决议行为并非单纯的个人法情景下的法律行为，其不仅包含股东个体意思的表达，还包括全体股东个体意思通过表决行为的结合从而形成公司意思，其中会涉及个体意思与团体意思不一致的情形，该情形已然超出个人法上法律行为概念的涉及范围。”因此，不应以认定一般法律行为效力的标准对标代签的股东会决议行为效力。

对于代签的股东会决议成立与否、能否撤销，应依照当前《公司法》第22条第2款、《公司法解释四》第4条以及第5条规定的法定情形结合具体案情予以认定。

而对于代签的股东会决议，能否因代签而无效，需要作出的判断就是代签股东会决议这一瑕疵是属于公司法上规定的程序瑕疵还是实体瑕疵。细观股东会决议整个过程中代签的动机、起到的作用与表现特征以及结合《公司法》及司法解释的规定，股东会决议中的代签瑕疵应当区别适用《公司法》第22条规定的程序性瑕疵。所以，代签作为单纯的决议程序瑕疵不构成决议无效事由，并且程序瑕疵一般属于决议可撤销事由，但足够严重以至于不能认定决议成立的，按照决议不成立处理。

## 四、辅助信息

**高频词条：**

**《公司法》**

**第二十二条第一款**　公司股东会或者股东大会、董事会的决议内容违反法律、行政法规的无效。

**第二十二条第二款** 股东会或者股东大会、董事会的会议召集程序、表决方式违反法律、行政法规或者公司章程,或者决议内容违反公司章程的,股东可以自决议作出之日起六十日内,请求人民法院撤销。

**《公司法解释四》**

**第四条** 股东请求撤销股东会或者股东大会、董事会决议,符合民法典第八十五条、公司法第二十二条第二款规定的,人民法院应当予以支持,但会议召集程序或者表决方式仅有轻微瑕疵,且对决议未产生实质影响的,人民法院不予支持。

**第五条** 股东会或者股东大会、董事会决议存在下列情形之一,当事人主张决议不成立的,人民法院应当予以支持:

(一)公司未召开会议的,但依据公司法第三十七条第二款或者公司章程规定可以不召开股东会或者股东大会而直接作出决定,并由全体股东在决定文件上签名、盖章的除外;

(二)会议未对决议事项进行表决的;

(三)出席会议的人数或者股东所持表决权不符合公司法或者公司章程规定的;

(四)会议的表决结果未达到公司法或者公司章程规定的通过比例的;

(五)导致决议不成立的其他情形。

# 公司股东权利行使与责任案件裁判规则第9条：
## 公司未按照法律或公司章程规定的期限通知股东参加股东会或者股东大会，股东未就此提出异议，并直接或者委托他人出席了会议，发表意见、参与表决，之后该部分股东又以召集程序违法为由，请求撤销该股东会或者股东大会决议的，人民法院不予支持

〔**规则描述**〕:《公司法解释四》第4条规定，公司决议撤销之诉可以由法院裁量驳回，即会议召集程序或者表决方式仅有轻微瑕疵，且对决议未产生实质影响的，应当维持决议效力。公司未按照法律或者章程规定的期限通知股东参加股东（大）会，比如应当提前15日通知，实际提前14日通知股东，但股东并未就通知迟延问题向公司提出异议，而由本人或者委托他人出席了会议，在会上发表意见、参与表决。会议最终形成了有效决议。此时，股东已经有效行使了股东权利，决议内容反映了公司股东的真实意思，通知日期的迟延属于轻微瑕疵。如果股东再以天数不足构成召集程序违法为由要求撤销该决议，人民法院应当依法驳回其诉讼请求。

### 一、类案检索大数据报告

截至2020年4月20日，分别以“公司决议撤销纠纷”“实际参加”“实际参与”“轻微”为关键词，通过Alpha案例库共检索到案件334件。剔除无关联案件和同一案件不同审级形成的多个文书，实际共查找到高度关联的37件案例。整体情况如下：

从类案地域分布看，涉案数最多的地域是上海市，共7件；其次是北京市和江苏省，均为5件，类案地域分布如图9－1所示。

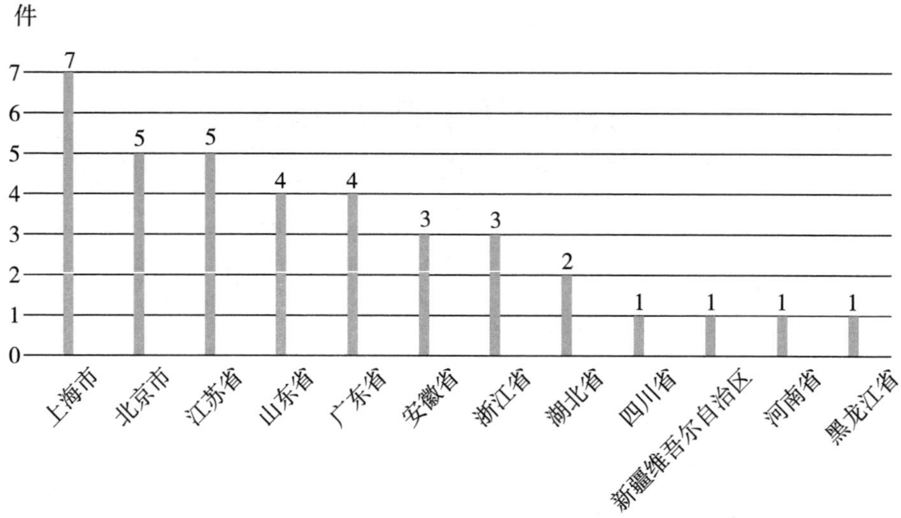


**图 9-1 类案主要地域分布**

从类案结案时间看,最多的年份是 2019 年,共有 11 件;其次为 2018 年,共有 9 件。

从案件经历的审理程序看,只经过一审程序的共计 13 件,经过一审、二审两审程序的共计 24 件(如图 9-2 所示)。

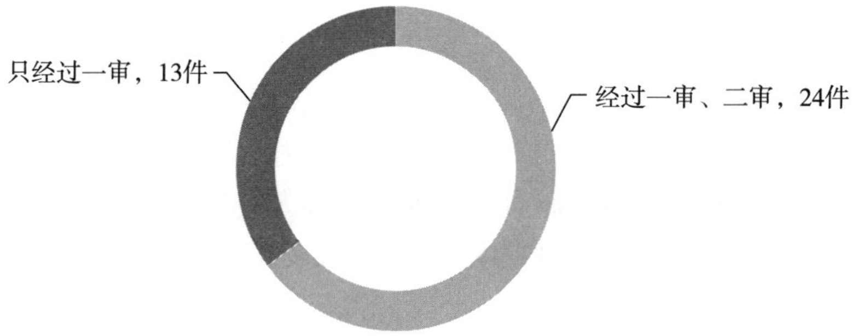


**图 9-2 类案经过的审理程序**

从裁判结果看,一审案件中有 12 件驳回原告诉讼请求,不予撤销公司决议;1 件支持原告诉请,撤销公司决议。二审案件中,有 21 件驳回上诉,维持原判;有 2 件作出改判,1 件改判驳回原告诉讼请求,维持公司决议效力,1 件改判撤销公司决议;其他情况 1 件(如图 9-3、图 9-4 所示)。

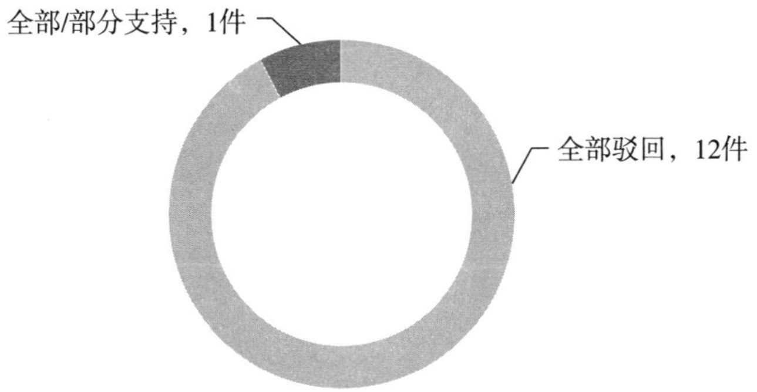


图9－3　一审类案的裁判结果

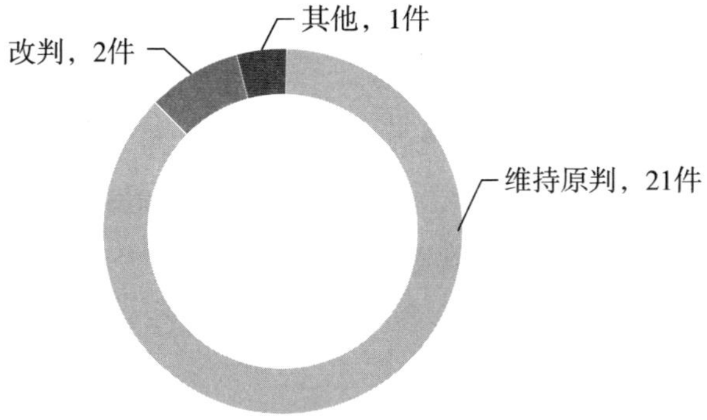


图9－4　二审类案的裁判结果

## 二、可供参考的例案

### 例案一｜黄某与江苏东南特种技术工程有限公司公司决议撤销纠纷案

**【法院】**

江苏省南京市中级人民法院

**【案号】**

(2018)苏01民终5005号

**【当事人】**

上诉人(原审原告)：黄某

被上诉人(原审被告)：江苏东南特种技术工程有限公司

法定代表人：李某某，该公司董事长

**【基本案情】**

黄某诉称,其系江苏东南特种技术工程有限公司(以下简称东南公司)股东。东南公司在未依照章程通知全体股东的情况下,由董事长违反程序召集,于2017年3月26日召开股东会。黄某于3月25日才从其他股东处获知股东会安排。但会上临时提出进行董事会换届选举,致股东间产生争议,黄某提出异议后离场。事后,黄某得知公司法定代表人发生了变更并在调阅工商资料时获悉该次股东会决议。因该决议程序瑕疵,诉请法院撤销东南公司股东会2017年3月26日作出的《就公司董事会、监事会换届选举的决议》。

东南公司辩称,该决议形成过程符合法律规定,不应予以撤销:(1)被告已采用口头或书面的各种方式通知了各股东,股东们也均实际到会;(2)公司章程已明确规定董事任期3年,且被告1年只召开1次定期股东会,故各位股东对本次会议将重新选举董事会应明知;(3)股东实际也行使了股东权利,其是根据各股东选举情况确认了新的董事会成员。

一审法院经审理查明:东南公司于2002年8月21日成立,公司设立时的注册资本为718万元。2014年4月2日,东南公司将公司的注册资本、股东姓名、出资方式、出资额等进行了修正,修正后的内容为:公司注册资本为818万元,共有17名股东,其中上诉人黄某持股比例为10.45%。

2017年3月26日,东南公司在并未以书面形式通知全部股东与会时间的情况下召开股东会第20次会议,全体股东或其代理人均到会参加。会议就公司2016年收益分配事项形成决议,由全体股东或其委托代理人签字确认。此外,会议对公司董事、监事举行了换届选举,形成了关于更换公司董事会、监事会的决议。期间除1名股东自行离场、未参与董事的换届选举外,包括原告在内的与会其他股东或其代理人均填写了关于选举董事的选票。宣布董事选举结果名单之前,上诉人黄某因事离开会场,并委托黄某某代为选举监事。

根据东南公司2017年3月10日修订的公司章程第17条记载,股东会会议分为定期会议和临时会议。定期会议每年召开1次;代表1/10以上表决权的股东或1/3以上的董事或监事会提议召开临时会议的,应当召开临时会议。召开股东会会议,应当于会议召开15日前以书面形式通知全体股东。股东会会议的召集和主持,执行《公司法》第41条的相关规定。

本案一审争议焦点为:(1)东南公司于2017年3月26日召开的股东会,在召集程序、表决方式上是否存在违反公司章程或法律规定的情形;(2)若存在上述情形，案涉决议应否予以撤销。

关于本案争议焦点一，一审法院认为，首先，东南公司未能举证证明采用了书面形式于股东会召开15日前通知了包括黄某在内的所有股东，应当认定东南公司在会议通知程序上存在瑕疵。其次，会议议题也应当作为会议通知的内容。现有证据表明被告未能完全尽到上述通知义务。再次，关于会议召集问题，本案现有证据不能证明案涉股东会系由董事会召集，股东会召集程序存在瑕疵。最后，股东已就董事选举范围达成共识，均收到并填写了选票，行使了股东权利，原告关于实际选出的董事会成员中有3位股东实际并未纳入董事候选人名单的主张不成立。

关于本案争议焦点二，一审法院认为，根据《公司法解释四》第4条的规定，股东会议召集程序和表决方式瑕疵是否轻微，以及程序瑕疵对决议是否有实质影响，是判断股东会决议是否应予以撤销的标准。本案所涉股东会程序瑕疵应属轻微，且对决议未产生实质影响，理由如下：首先，瑕疵是否轻微，应以该瑕疵是否会导致股东无法公平参与会议以及获取会议议事所需信息为标准。本案中，案涉股东会会议召开过程中的确存在没有提前15天以书面方式通知全体股东的情形，但所有股东均在会议召开前到达会场并参与表决，故未能以书面方式提前通知所有股东的瑕疵应属轻微瑕疵。同理，股东会未由董事会召集的瑕疵亦属轻微瑕疵。关于通知会议议程问题，东南公司章程规定董事会3年换届，且案涉股东会系定期会议，会议议程中关于公司董事、监事的选举亦为股东应当知晓的内容，因此，未以书面方式通知股东会会议议程内容的瑕疵应属轻微瑕疵。会议召集或表决方式虽然存在瑕疵，但案涉决议系全体股东参会且经代表公司半数以上有表决权的股东表决通过，符合公司章程的规定，故诉争瑕疵情形的存在不具有影响和改变公司决议原定结果的可能，应认定诉争的程序瑕疵对案涉决议未产生实质影响。

综上，一审法院判决驳回黄某的全部诉讼请求。

**【案件争点】**

2017年3月26日股东会决议通知及表决程序上存在的瑕疵是否轻微，是否足以对股东会决议产生实质性的影响，进而导致撤销诉争决议。

**【裁判结果】**

南京市玄武区人民法院于2018年3月5日作出(2017)苏0102民初3284号民事判决，驳回原告黄某的全部诉讼请求。原审原告不服，提起上诉。江苏省南京市中级人民法院于2018年9月6日作出(2018)苏01民终5005号民事判决：驳回上诉，维持原判。

【裁判要旨】

江苏省南京市中级人民法院认为，虽然《公司法》第22条赋予异议股东对存在程序瑕疵的股东会决议的撤销权，但实务中，如果恪守严格的程序正义使公司决议的所有程序瑕疵皆可被撤销，将会严重有损于公司决策效率，增加公司决策成本，因此，《公司法解释四》规定了“裁量驳回”制度，从而可以在程序正义、实体决议稳定和防止滥用诉权之间寻找到平衡。根据《公司法解释四》第4条的规定，股东会议召集程序和表决方式瑕疵是否轻微，以及程序瑕疵对决议是否有实质影响，是判断股东会决议是否应予以撤销的标准。但对于何种瑕疵是轻微，现行法律并未作出明确界定。召集程序、表决方式等制度设置的目的是保障表决权人能够及时获取所需的信息，并公平地参与多数意思的形成。因此，如果在此过程中虽有不完全符合规定的程序瑕疵，但未妨碍表决权人获知对其作出意思表示所需的必要信息以及公平参与多数意思的形成，应被界定为轻微瑕疵。

本案中，案涉股东会会议存在的召集程序和表决方式中的诸多瑕疵问题，一审判决已经充分阐述，二审法院予以赞同，不再赘述。但上述瑕疵应属轻微，且对决议未产生实质影响，理由如下：(1)关于召集程序瑕疵问题。黄某虽未接到书面开会通知，但其本人于会前到达会场，并参与了会议的讨论和表决。从会议的视频内容来看，黄某充分地行使了参加会议的各项权利，且会议中从未对会议的召集程序提出过异议。(2)案涉决议系全体股东参会且经代表公司半数以上有表决权的股东表决通过，符合公司章程的规定，故诉争瑕疵情形的存在不具有影响和改变公司决议原定结果的可能，应认定诉争的程序瑕疵对案涉决议未产生实质影响。(3)因黄某实际参会并参与表决，故案涉股东会会议所存在的召集程序瑕疵问题得到了修复。(4)案涉股东会决议已经生效，基于该股东会决议产生的东南公司新的董事会已经在治理公司，倘若此时撤销案涉股东会决议，必将造成公司的混乱，此与《公司法解释四》所规定的“裁量驳回”制度亦相悖。

## 例案二 | 蒋某某诉成都萨伯电子应用科技有限公司公司决议撤销纠纷案

【法院】

四川省成都市中级人民法院

【案号】

(2017)川01民终3679号

**【当事人】**

上诉人(原审原告)：蒋某某

被上诉人(原审被告)：成都萨伯电子应用科技有限公司

法定代表人：邓某

**【基本案情】**

原审原告蒋某某诉称，成都萨伯电子应用科技有限公司(以下简称萨伯公司)于2016年7月9日通过的(2016)年度第1次临时股东大会决议内容和程序违反法律、公司章程的规定。第一，该股东会决议对公司章程修改的内容违反了《公司法》第25条以及第3章关于股权转让的强制性规定。第二，股东会议召集程序不符合公司章程规定。萨伯公司关于召开临时股东大会的通知仅提前13日通知到蒋某某，违反公司章程的规定。同时，蒋某某就股东会议召开时间不符合章程约定在股东会议召开时向萨伯公司提出异议，但萨伯公司并未采纳，基于此，蒋某某未参与股东会议后续决议事项的讨论，也未在股东会决议上签字确认。第三，萨伯公司其他股东利用持有萨伯公司多数股权的有利地位，企图侵占原告股权，侵害小股东利益。综上，请求撤销该决议。

原审被告萨伯公司辩称，第一，萨伯公司的股东会决议并未违反法律规定。本案中蒋某某的股东资格并未被解除，萨伯公司并未执行除名决议也根本不涉及相应减资。第二，虽然萨伯公司的股东会议召集程序不满足章程规定的15日时间，但并不影响对审议事项进行准备，蒋某某也未在会议召开前向萨伯公司提出相关异议，而是准时参加了萨伯公司的股东会，故该股东会决议并未侵害蒋某某的权益。第三，蒋某某陈述萨伯公司其他股东恶意串通损害小股东利益与事实不符，反而是蒋某某先侵害了萨伯公司其他股东的权利。

一审法院经审理查明：萨伯公司股东由曹某某、蒋某某、谢某某3人组成。萨伯公司章程第26条规定，召开股东会会议，应于会议召开15日前通知全体股东。2016年6月25日，蒋某某收到关于召开2016年度第1次临时股东大会的通知，股东大会定于2016年7月9日召开。2016年7月9日，萨伯公司召开2016年度第1次临时股东大会，并通过股东会决议，将公司章程第4章第24条修改为“本公司股东不得自营或者为他人经营与其所任职公司经营相同或者相近的项目，或者从事损害本公司利益的活动。若股东存在违反前项规定行为的，可采取以下方式进行处理：经公司股东大会按股权份额表决权67%通过后立即除名，并按注册资本额向违规股东退还股金，不给付股本利息，相应的股权由剩余股东协商受让。

一审法院总结本案的争议焦点有:(1)萨伯公司2016年7月9日通过的2016年度第1次临时股东会决议内容是否违法?(2)股东会召集程序是否违反公司章程规定?(3)股东会决议是否应当被撤销?

一审法院认为,关于焦点一,公司章程作为公司组织与行为的基本准则,具有法定性和自治性的基本特征,只要内容不违反法律、行政法规的强制性规定,应当尊重公司的自治性。修改的公司章程内容并非公司减少注册资本,也不是股东抽逃出资,而是由其他股东通过协商受让的方式来购买违规股东的股权。且《公司法》第25条也明确规定,公司章程对有限公司股权转让有规定的,从公司章程规定,故修改后的公司章程内容并未违反《公司法》的强制性规定。关于焦点二,按照公司章程的规定,股东大会应当于召开15日前通知全体股东。根据EMS邮寄记录,蒋某某于2016年6月25日收到萨伯公司发出的召开股东会通知。股东会于2016年7月9日召开,故萨伯公司召开股东大会的通知仅提前13日通知到蒋某某,召开程序上确实存在违反公司章程的瑕疵。关于焦点三,股东大会决议不因召开程序存在上述瑕疵而被撤销。公司法关于召开临时股东会议通知时限的规定,立法本意是保障股东有足够的时间对股东会需要审议的事项进行准备,确保股东行使权利。本案中,蒋某某在股东大会召开前13日收到了会议通知,知道了股东大会的审议事项,通知时限少2天并不影响其对审议事项进行准备,也不影响其股东权利的行使,且其在2016年7月9日参加了股东会,实际行使了股东权利。因此,通知时限少2天只是在召集程序上显著轻微地违反了公司章程规定,并未对股东大会决议产生实质性的影响,对蒋某某因此瑕疵而请求撤销股东会决议,不予支持。

**【案件争点】**

萨伯公司于2016年7月9日通过的股东会决议是否符合撤销的情形。

**【裁判结果】**

四川省成都市金牛区人民法院作出(2016)川0106民初6283号民事判决,驳回蒋某某的诉讼请求。原审原告不服,提起上诉。四川省成都市中级人民法院于2017年5月24日作出(2017)川01民终3679号民事判决,驳回上诉,维持原判。

**【裁判要旨】**

四川省成都市中级人民法院认为:根据《公司法》第22条的规定,股东会决议符合撤销情形需具备两种情形之一:(1)召集程序、表决方式违反法律、行政法规或者公司章程;(2)决议内容违反公司章程。本案中,蒋某某请求撤销该股东会决议,就应当对萨伯公司本次股东会决议符合上述两种情形之一承担举证责任。在股东会的召集程序上，蒋某某主张本次股东会的召开仅提前了13日通知到其本人，违反了公司法及公司章程关于股东大会应当于召开前15日通知全体股东的规定，符合撤销的情形。二审法院认为，我国公司法关于召开临时股东会议通知时限的规定，立法本意是保障股东有足够的时间对股东会需要审议的事项进行准备，确保股东行使权利。本案中，蒋某某在股东大会召开前13日收到了会议通知，知道了股东大会的审议事项，通知时限少2日并不影响其对审议事项进行准备，也不影响其股东权利的行使，且其在2016年7月9日参加了股东大会，实际行使了股东权利。因此，通知时限少2日只是在召集程序上显著轻微地违反了公司章程的规定，并未对股东大会决议产生实质性的影响，对蒋某某因此瑕疵而请求撤销股东会决议的诉讼请求，法院不予支持，一审法院对此认定并无不当。

另外，蒋某某并无证据证明案涉股东会决议存在表决方式违反法律、行政法规或者公司章程的情形，亦无证据证明股东会决议存在内容违反公司章程的情形，故萨伯公司于2016年7月9日所形成的股东会决议，并不符合我国《公司法》第22条第2款规定的可撤销的情形。对蒋某某请求撤销案涉股东会决议的主张，因其举证不能，应承担不利的法律后果。对蒋某某的该项主张，法院不予支持。

## 例案三 | 王某某诉上海英迈吉东影图像设备有限公司公司决议撤销纠纷案

**【法院】**

上海市第一中级人民法院

**【案号】**

(2015)沪一中民四(商)终字第1160号

**【当事人】**

上诉人(原审原告)：王某某

被上诉人(原审被告)：上海英迈吉东影图像设备有限公司

法定代表人：刘某某，董事长

**【基本案情】**

原审原告王某某诉称：2014年12月1日，被告上海英迈吉东影图像设备有限公司(以下简称东影公司)召开股东会，并作出“东影公司股东会会议决议”。但东影公司未就拟召集股东会等相关事宜于法定15日之前通知原告。此次股东会召开程序、表决方式违反法律、行政法规以及公司章程,决议内容也违反公司章程,包括:会议通知中未注明具体事项,不提供董事、监事工作情况、离职原因,未提供拟任人员背景资料,事实上应认定为根本没有任何通知;原告要求修改《公司章程》第15条,任期届满的董事、监事均应辞职并改选,但东影公司既不交付表决也不给予任何说明;东影公司会前、会中均没有说明增加自有厂房租赁的原因及背景,程序上没有尽到提前通知股东的义务;会议召开的过程也违反法律与章程的规定,到会人员除了股东或股东代理人之外还有其他人员,非股东参加股东会无法律和章程依据,直接影响股东实质权利的实现。据此作出的股东会决议依法应予撤销。综上,诉请判令撤销东影公司于2014年12月1日作出的股东会决议。

原审被告东影公司辩称:(1)原告就同案已经起诉过,因未交诉讼费,按撤诉处理,属于原告放弃起诉权利,不能作为原告二次起诉超期的合法理由,请求法院驳回原告的起诉。(2)东影公司股东会召开通知发出时间为2014年11月15日,提前16天发出股东会召开通知,符合《公司法》第41条的规定,召集程序合法。(3)2014年第2次股东会的召集人是公司董事会,已经在股东会召开通知上列明,具体召集程序履行情况均反映在股东会召开通知内容中。(4)原告认为增加公司经营范围"自有房屋租赁"事项并修改公司章程,改选董事和监事的股东会决议内容违反公司章程亦毫无理由。(5)本次股东会决议为2/3以上表决权表决通过,表决方式完全合法。原告诉请没有事实依据和法律依据,请求法院依法予以处理。

一审法院经审理查明:东影公司系于2003年2月20日成立的有限责任公司,公司注册资本2360万元,后经增资和股权转让,注册资本为人民币3520万元,原告系东影公司股东,持股比例为12%。

2014年11月15日,东影公司董事会以快递方式向原告发出股东会通知,载明东影公司将于2014年12月1日于公司会议室召开股东会,公司董事、监事、高级管理人员列席会议。会议审议改选部分董事、监事,增加公司经营范围"自有房屋租赁"事项并修改公司章程等内容。原告于2014年11月17日签收快递。在审理中,东影公司表示,前述快递是寄至原告的公司;东影公司董事会另向原告的家庭住址寄送相同快递,原告于2014年11月16日签收,为此东影公司提供快递面单和运单查询结果予以佐证。

2014年11月19日,原告委托律师事务所向被告发出律师函,认为东影公司2014年第二次股东会通知违法,并要求东影公司在股东会召开15日前书面告知原告有关涉案股东会的召集人及具体召集程序;要求东影公司董事、监事、高级管理人员不得列席股东会；要求拟卸任的董事、监事等3人就任职起止时间、任职期间履职详细情况、辞职原因、辞职审议和审批情况做书面说明，同时要求于股东会召开15日前，书面告知原告有关董事、监事候选人背景资料及其推举人、推举程序履行情况；要求任期达3年的董事全部述职，向股东会报告工作，并进行改选；要求修改公司章程第15条，全体股东应有权分别委派至少1名董事；要求董事会、总经理书面说明公司对外出租厂房的提议人、审批部门和程序，并提供所有已出租、正在出租厂房的合同和履行凭证。

2014年12月1日，东影公司股东会会议召开，包括原告委托代理人在内的3方股东到会。会议就董事、监事改选和增加公司经营范围“自有房屋租赁”事项并修改公司章程等4项议案进行审议、表决，当日形成股东会会议记录，原告委托代理人等3方股东在记录上签名。同日形成“股东会决议”，载明：本次会议由公司董事会提议召开，公司董事会于会议召开15日以前以书面和电话方式通知全体股东，应到会股东4人，实际到会股东3人，占总股数88%。会议由董事长刘某某主持，决议同意董事、监事改选，同意增加公司经营范围“自有房屋租赁”并就此修改公司章程。原告委托代理人在决议上手写“会议程序内容均违法，不同意”并签名署期。另外两方股东在决议上签名。

另查明：东影公司章程第9条规定，股东会会议分为定期会议和临时会议，并应当于召开15日以前通知全体股东，定期会议每年召开1次，一般在年初召开。

又查明：原告曾于2014年1月将本案纠纷诉至法院，因原告未按照法院通知预交案件受理费，一审法院于2015年2月28日裁定该案按撤诉处理。后原告于2015年3月9日又将本案纠纷诉至一审法院。

一审法院认为，本案的争议焦点在于：(1)原告的起诉是否已超过法定期间，应予裁定驳回。(2)2014年12月1日作出的股东会决议是否应予撤销。

关于第一项争议焦点，一审法院认为，原告前案做撤诉处理，并不导致其诉权消灭。一方面，涉案股东会决议于2014年12月1日形成，原告于2015年1月即向法院提起撤销之诉，符合公司法关于提出撤销之诉的时限要求。另一方面，前案按撤诉处理，并非原告主动撤诉所致，而是因未按期缴费过失所致。在前案裁定书于2015年2月28日作出后，原告于2015年3月9日即将本案纠纷再次诉至法院，后及时缴纳案件受理费并积极参加庭审。因此，原告主张撤销涉案股东会决议系持坚持态度，补救自身过失亦属积极，并未故意反复诉讼或拖延诉讼。故原告提起本案诉讼，应不做裁定驳回起诉处理。

关于第二项争议焦点,一审法院认为,首先,根据公司法和东影公司章程的规定,召开股东会须提前15日通知股东。东影公司董事会系于2014年11月15日向原告发出通知。通知的发出时间与确定召开股东会的时间即2014年12月1日相隔16日,但无法据此认定东影公司存在违反股东会召集程序之故意。原告仅确认于2014年11月17日收到1份召开股东会通知。参照我国民法理论,股东会开会通知时间应采用到达主义。若以原告确认的收件时间为准,会议召开时间距离原告收件时间确实不足15日。但尽管如此,原告尚有14日时间就会议审议内容进行准备,此种轻微的程序瑕疵不影响其股东权利的实际行使。且从公司治理的效率原则以及股东行使权利应遵循诚信原则出发,公司法规定的通知时限不能成为股东拒绝参加股东会议的当然理由。因此,原告以被告未提前15日通知为由,主张撤销涉案股东会决议,法院不予采纳。其次,东影公司董事会已以通知方式告知原告涉案股东会的审议内容,审议事项明确,与公司法规定不相悖。原告主张的事实均不构成程序瑕疵。再次,原告要求修改东影公司章程第15条,要求任期届满的董事、监事均辞职并改选,并非本次股东会的审议内容,被告不对原告的上述要求作出回应,亦不构成程序瑕疵。又次,法律没有规定公司股东或股东代理人之外还有其他人员不得列席会议,亦未规定若上述人员列席会议则决议即为可撤销或无效。原告以此为由主张撤销涉案股东会决议,于法无据。最后,就涉案股东会,东影公司持有2/3以上表决权的股东自行或派其代表到场,并以2/3以上表决权表决通过决议,表决比例、表决方式均无不当。

综上,系争股东会的召集程序、表决方式及决议内容等不违反公司章程及公司法的实质规定,原告诉请,依法应予以驳回。

**【案件争点】**

涉案的股东会决议应否被撤销。

**【裁判结果】**

上海市浦东新区人民法院于2015年4月28日作出(2015)浦民二(商)初字第1041号民事判决,驳回原告王某某的诉讼请求。王某某不服,提起上诉。上海市第一中级人民法院于2015年8月25日作出(2015)沪一中民四(商)终字第1160号民事判决,驳回上诉,维持原判。

**【裁判要旨】**

上海市第一中级人民法院认为,第一,关于上诉人王某某提出的收到股东会通知的时间距离召开股东会议的时间不足15日,系争股东会应予撤销的主张,上诉人确认的收到会议通知的时间距离2014年12月1日股东会召开确实不足15日时间，但上诉人仍尚有14日时间着手准备股东会。况且，上诉人收到会议通知后准时参加了股东会，并就相关议题行使股东表决权，已充分行使其股东权利，若以此为由撤销本案系争股东会决议，则有悖公司治理的经济、效率原则，法院对该项上诉理由不予采信。第二，关于上诉人认为股东会通知未注明具体事项，未提供董事、监事工作情况、离职原因，拟任人员背景资料，会前会中又未说明增加经营范围的背景原因，程序上存在瑕疵，决议应予撤销的主张，东影公司的股东会通知已经列明会议审议内容，事项明确具体，不违反法律规定。上诉人提出的主张均非撤销股东会决议的法定事由，法院不予采信。第三，关于上诉人认为股东会未就其提出的修改公司章程第15条等事项交付表决和进行说明，违反公司章程，股东会决议应予撤销的主张，上诉人若欲提出议案并交付股东会进行表决，可按公司法和公司章程规定实施，而非在本案系争股东会会议上进行审议和表决，故系争股东会决议未对其于2014年11月19日以律师函形式提出的要求交付表决和说明不违反公司法和公司章程的规定。第四，关于上诉人提出的股东会议上有非股东人员参加，违反法定程序，系争股东会决议应予撤销的主张，不属于公司法规定的股东会决议应予撤销的法定事由，法院不予支持。综上所述，上诉人王某某的上诉请求缺乏事实和法律依据，法院不予支持。原审判决并无不当，依法予以维持。

## 三、裁判规则提要

公司法或者公司章程关于提前若干日向全体股东发出通知的程序性规定，其目的是保障全体股东的知情权，确保股东能够提前知晓会议安排，拥有必要的准备时间获取参会所需要的信息，同时合理安排时间出席会议，最终在会议上充分表达自己的意见和行使表决权，公平、有效地参与股东（大）会多数意见的形成。因此，若公司股东（大）会未能严格按照公司法或公司章程规定的期限提前发出会议通知，而股东未提出异议且仍有较充足的时间进行准备和安排，最终实际到会并有效行使股东权利，则制度目的仍可实现。股东（大）会召集程序存在的瑕疵轻微，并未对决议的形成产生实质性影响。根据《公司法解释四》的规定，不应当因此撤销决议。通过梳理上述案例可以发现，在《公司法解释四》出台前也有符合这一规则的案例。可以认为，股东（大）会通知迟延，股东无异议参会并表决的，构成典型的轻微瑕疵，不属于可以撤销公司决议的情形。

人民法院在审理此类案件时应当注意以下三个方面的问题。

### (一)准确把握公司决议撤销制度的立法目的和规范逻辑

公司股东通过股东(大)会对公司重大事项作出决议,其实质是股东通过参会行使股东权利,参与公司意思的形成过程,设立、变更或者终止自身与公司的法律关系。因此,严格履行《公司法》和公司章程规定的股东(大)会的召集程序和表决方式,让公司股东真实、有效地参与股东(大)会并作出真实意思表示,是股东(大)会及其决议有效的必要条件。而《公司法》第 22 条规定的公司决议可撤销制度的宗旨就在于保障公司股东权利,规范公司治理。

但是,公司决议一经作出将对公司内部管理和对外经营产生广泛影响。如果任何瑕疵都将导致决议撤销,必然影响交易安全和秩序稳定,可能给公司本身及与公司有关的其他经济主体造成损失,不符合《公司法》的立法目的。尤其是召集程序或者表决方式仅有轻微瑕疵且对决议未产生实质影响的,对公司治理规范影响较小,据此撤销决议对实现决议可撤销制度立法宗旨意义不大。因此,2017 年,《公司法解释四》第 4 条设立了公司决议撤销之诉的裁量驳回制度,既重视维护小股东的程序权利,防止其被架空,又充分考虑到撤销公司决议的成本及公司决议被否定可能给公司正常经营带来的挑战,构成了完整的公司决议撤销制度。这既是规范公司治理的制度基础,又是公司决议撤销纠纷的裁判依据。

### (二)综合考量股东是否有效参与股东(大)会决议的形成

股东(大)会决议是否因通知迟延的程序瑕疵而撤销,重点应当考察股东是否有效参与了决议的形成。前述例案和符合本裁判规则的案例反映出此类案件具有以下两个特点:

第一,股东对通知时间瑕疵未提出异议,直接到场参会并发表意见、参与表决。当最终决议不符合自身利益时,又以会议程序瑕疵为由请求撤销决议。应当认为,股东无异议参与股东会的行为是对通知迟延瑕疵的认可或接受,也有判决认为构成对此项瑕疵的弥补或修复。股东又提出公司决议撤销之诉有违诚信原则,属于对股东撤销权的滥用,依法不应支持其诉讼请求。

第二,通知时间迟延不构成影响股东表达意见、行使权利的理由,对决议没有实质影响。一般情况下,会议通知实际达到日期不足规定天数而产生 1 ~ 3 天的差距,不影响股东权利的行使。甚至有案件中股东会通知在会议当天送达,但因股东在公司任职,并且当日在公司办公并实际参加会议,法院依然认为属于轻微瑕疵,没有撤销系争公司决议。可以看到，在程序正义和决议稳定的法益平衡中，司法实践更重视股东是否有效参与决议的形成，而非苛求严格履行程序。但也要注意到，如果期间不足确实对股东权利造成影响的，应当依法予以撤销，比如，若公司召开股东会改选董事，其章程规定召开股东会应当提前 15 日通知，而董事候选人必须在会议召开 15 日前将个人信息提交给公司。那么，此时董事会为排除竞争，只提前 14 日通知股东，造成的后果是限制了股东提名董事候选人的权利，由此产生的决议依法应当撤销。

另外需要注意的是，通知日期不符合法律或者公司章程的规定不是股东拒绝参加会议的正当理由。股东收到会议通知而放弃出席股东会，应当承担相应的法律后果。如果有限责任公司全体股东参会且均未就召集时间问题提出异议，那么应当视为全体股东就召集时间已另有约定，根据《公司法》第 41 条的规定，可以直接认定召集时间符合公司法的规定，不存在程序瑕疵。

### （三）依法合理认定股东（大）会通知期间的起算日

公司法关于股东（大）会召集通知在会议召开前若干日通知股东的规定，没有明确期间的起算点应当如何确定。例案三明确采用到达主义，以股东收到会议通知的日期为起算点。但也有判例采用发信主义原则，以公司向股东发出会议通知的日期为起算点。虽然按照裁判规则，上述期间即使因起算日不同存在几天的差别，也可能不会对决议是否撤销产生决定性的影响。但这一问题关涉裁判尺度的统一，在特殊情况下也可能影响判决结果，因此仍值得澄清。

我国民法采取民商合一的立法模式，《民法典》关于期间的规定具有一般性、补充性的意义，公司法中的期间确定的基本原则应当采用民法的规定。而《民法典》采取的是到达主义原则，因此公司应当确保股东收到股东（大）会通知的日期，满足公司法或公司章程的规定。但是，这带来的问题是，对于股东人数较多的公司，各股东收到通知的时间不可能统一，采取到达主义将产生多个起算时间，更易引发纠纷，造成召集程序迟缓，效率低下，妨害公司正常运转和市场交易安全。

依照《民法典》和《公司法》的规定，公司应当为通知在途预留必要时间，以保证股东拥有法律或公司章程规定的必要准备时间。这一必要时间符合国内邮递周期一般的客观情况就应当视为合理。因此，根据公司的实际特点和《民法典》的精神，并参考中国证监会关于上市公司的有关规定，可以采取更加灵活的计算方法：公司章程关于股东（大）会召集通知起算时间有规定的，从其规定。公司章程未规定的,公司以对话方式通知股东的,以对话日期为送达日期;公司通知以专人送出的,以被送达人在送达回执上签名(或盖章)的日期为送达日期;以邮件送出的,自交付寄送之日起第二个工作日为送达日期;以公告方式送出的,首次公告刊登日为送达日期。具体期间的计算应从通知送达的次日起算至开会前一日,算足公司法或公司章程规定的期间。

## 四、辅助信息

**高频词条:**

**《公司法》**

**第二十二条** 公司股东会或者股东大会、董事会的决议内容违反法律、行政法规的无效。

股东会或者股东大会、董事会的会议召集程序、表决方式违反法律、行政法规或者公司章程,或者决议内容违反公司章程的,股东可以自决议作出之日起六十日内,请求人民法院撤销。

股东依照前款规定提起诉讼的,人民法院可以应公司的请求,要求股东提供相应担保。

公司根据股东会或者股东大会、董事会决议已办理变更登记的,人民法院宣告该决议无效或者撤销该决议后,公司应当向公司登记机关申请撤销变更登记。

**第四十一条** 召开股东会会议,应当于会议召开十五日前通知全体股东;但是,公司章程另有规定或者全体股东另有约定的除外。

股东会应当对所议事项的决定作成会议记录,出席会议的股东应当在会议记录上签名。

**第一百零二条** 召开股东大会会议,应当将会议召开的时间、地点和审议的事项于会议召开二十日前通知各股东;临时股东大会应当于会议召开十五日前通知各股东;发行无记名股票的,应当于会议召开三十日前公告会议召开的时间、地点和审议事项。

单独或者合计持有公司百分之三以上股份的股东,可以在股东大会召开十日前提出临时提案并书面提交董事会;董事会应当在收到提案后二日内通知其他股东,并将该临时提案提交股东大会审议。临时提案的内容应当属于股东大会职权范围,并有明确议题和具体决议事项。

股东大会不得对前两款通知中未列明的事项作出决议。

无记名股票持有人出席股东大会会议的，应当于会议召开五日前至股东大会闭会时将股票交存于公司。

**《公司法解释四》**

**第四条** 股东请求撤销股东会或者股东大会、董事会决议，符合民法典第八十五条、公司法第二十二条第二款规定的，人民法院应当予以支持，但会议召集程序或者表决方式仅有轻微瑕疵，且对决议未产生实质影响的，人民法院不予支持。

# 公司股东权利行使与责任案件裁判规则第10条:

## 人民法院对公司决议撤销纠纷中决议内容的审查范围仅限于是否违反公司章程。人民法院应尊重公司自治,不对决议内容进行商业判断

〔**规则描述**〕:股东会或者股东大会、董事会的会议召集程序、表决方式违反法律、行政法规或者公司章程,或者决议内容违反公司章程的,股东可以自决议作出之日起60日内,请求人民法院撤销。人民法院在审理公司决议撤销纠纷时,对于决议内容的审查仅涉及是否违反公司章程。若决议内容违反公司章程,可以判决撤销公司决议;反之则不能。而对于并不违反公司章程的决议,其作出所依据的事实是否存在、作出理由是否成立,均属于公司自治内容,法院不对其进行商业判断。司法应充分尊重公司决策机关的商业判断,只要公司的商业决策不损及强制性规定和社会公共利益,一般不应当否定其正当性。公司的公司法人治理结构由决策权力机关、执行机关、监督机关组成,《公司法》推行股东内部救济原则,更有利于当事人及时主张其权利,也防止了当事人滥用诉讼权利。

### 一、类案检索大数据报告

截至2020年3月31日,以“决议内容”“公司自治”“公司决议撤销纠纷”为关键词,通过Alpha案例库共检索到类案167件,经逐案阅看、分析,与本规则关联度较高的案件共有58件。因其中存在同一案件的一审、二审、再审裁判,严格意义上应将其认定为一起案件,同时还有不同股东因对同一家公司同一份股东会决议有异议而提起的多起诉讼,实质上争议的焦点问题是相同的,故剔除前述情形后,实际共有45件案件。整体情况如下:

从类案地域分布看,涉案数最多的地域是江苏省,共8件;其次是广东省,共7件,类案主要地域分布如图10-1所示。

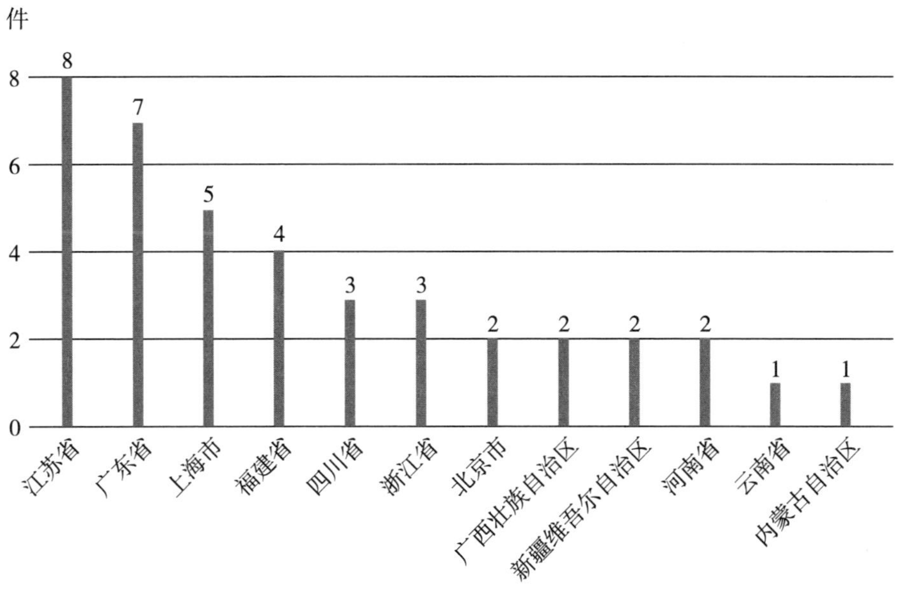


**图 10－1　类案主要地域分布**

从类案结案时间看，最多的年份是 2017 年，共有 12 件；其次为 2019 年，共有 11 件。

从案件经历的审理程序看，只经过一审程序的共计 15 件，经过一审、二审两审程序的共计 28 件，经过了一审、二审及再审程序的共计 2 件（如图 10－2 所示）。

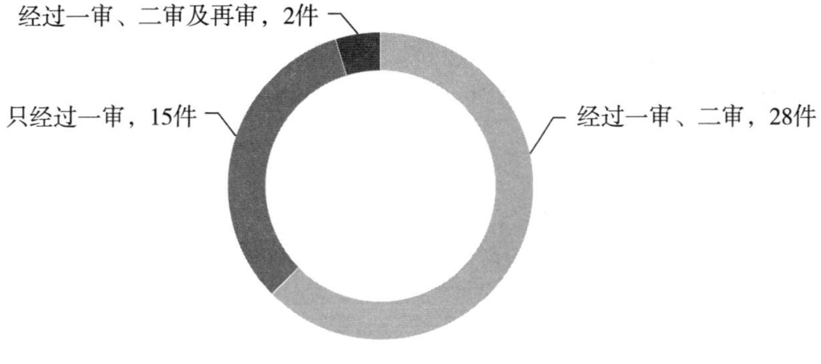


**图 10－2　类案经过的审理程序**

## 二、可供参考的例案

### 例案一 | 李某某与上海佳动力环保科技有限公司公司决议撤销纠纷案①

**【法院】**

上海市第二中级人民法院

**【案号】**

(2010)沪二中民四(商)终字第436号

**【当事人】**

上诉人(一审被告):上海佳动力环保科技有限公司

被上诉人(一审原告):李某某

**【基本案情】**

原告李某某诉称:被告上海佳动力环保科技有限公司(以下简称佳动力公司)免除其总经理职务的决议所依据的事实和理由不成立,且董事会的召集程序、表决方式及决议内容均违反了公司法的规定,请求法院依法撤销该董事会决议。

被告佳动力公司辩称:董事会的召集程序、表决方式及决议内容均符合法律和章程的规定,故董事会决议有效。

法院经审理查明:原告李某某系被告佳动力公司的股东,并担任总经理。佳动力公司股权结构为:葛某某持股40%,李某某持股46%,王某某持股14%。3位股东共同组成董事会,由葛某某担任董事长,另两人为董事。公司章程规定:董事会行使包括聘任或者解聘公司经理等职权;董事会须由2/3以上的董事出席方才有效;董事会对所议事项作出的决定应由占全体股东2/3以上的董事表决通过方才有效。2009年7月18日,佳动力公司董事长葛某某召集并主持董事会,3位董事均出席,会议形成了"鉴于总经理李某某不经董事会同意私自动用公司资金在二级市场炒股,造成巨大损失,现免去其总经理职务,即日生效"等内容的决议。该决议由葛某某、王某某及监事签名,李某某未在该决议上签名。

上海市黄浦区人民法院于2010年2月5日作出(2009)黄民二(商)初字第4569号民事判决:撤销被告佳动力公司于2009年7月18日形成的董事会决议。宣判后,佳动力公司提出上诉。上海市第二中级人民法院于2010年6月4日作出

---

① 通过Alpha案例库、中国裁判文书网查询检索,本案仅有二审判决书,没有一审判决书。

(2010)沪二中民四(商)终字第 436 号民事判决:(1)撤销上海市黄浦区人民法院(2009)黄民二(商)初字第 4569 号民事判决;(2)驳回李某某的诉讼请求。

**【案件争点】**

1. 董事会召集程序、表决方式是否违反法律、行政法规或者公司章程,以及决议内容是否违反公司章程。

2. 决议内容未违反公司章程的前提下,是否应当审查解聘总经理职务的决议所依据的事实是否属实,理由是否成立。

**【裁判要旨】**

根据《公司法》第 22 条第 2 款的规定,董事会决议可撤销的事由包括:(1)召集程序违反法律、行政法规或公司章程;(2)表决方式违反法律、行政法规或公司章程;(3)决议内容违反公司章程。从召集程序看,佳动力公司于 2009 年 7 月 18 日召开的董事会由董事长葛某某召集,3 位董事均出席董事会,该次董事会的召集程序未违反法律、行政法规或公司章程的规定。从表决方式看,根据佳动力公司章程的规定,对所议事项作出的决定应由占全体股东 2/3 以上的董事表决通过方才有效,上述董事会决议由 3 位股东(兼董事)中的 2 名表决通过,故在表决方式上未违反法律、行政法规或公司章程的规定。从决议内容看,佳动力公司章程规定董事会有权解聘公司经理,董事会决议内容中"总经理李某某不经董事会同意私自动用公司资金在二级市场炒股,造成巨大损失"的陈述,仅是董事会解聘李某某总经理职务的原因,而解聘李某某总经理职务的决议内容本身并不违反公司章程。

董事会决议解聘李某某总经理职务的原因如果不存在,并不导致董事会决议撤销。首先,公司法尊重公司自治,公司内部法律关系原则上由公司自治机制调整,司法机关原则上不介入公司内部事务;其次,佳动力公司的章程中未对董事会解聘公司经理的职权作出限制,并未规定董事会解聘公司经理必须有一定原因,该章程内容未违反公司法的强制性规定,应认定有效,因此佳动力公司董事会可以行使公司章程赋予的权力作出解聘公司总经理的决定。故法院应当尊重公司自治,无须审查佳动力公司董事会解聘公司总经理的原因是否存在,即无须审查决议所依据的事实是否属实,理由是否成立。综上,原告李某某请求撤销董事会决议的诉讼请求不成立,依法予以驳回。

## 例案二 | 蓝某与佛山市东方医疗设备厂有限公司公司决议撤销纠纷案

**【法院】**

佛山市南海区人民法院

**【案号】**

(2018)粤0605民初25157号

**【当事人】**

原告:蓝某

被告:佛山市东方医疗设备厂有限公司

**【基本案情】**

蓝某诉称:2018年10月10日,佛山市东方医疗设备厂有限公司(以下简称东方医疗公司)以董事会决议的形式,作出如下事项:(1)同意公司新增股东华雄威公司。(2)同意公司投资总额由1080万元变更为1188万元,注册资本由1088万元变更为1188万元。东方医疗公司于2018年10月10日作出上述董事会决议后,并未按照公司章程的规定向原审批机关佛山市商务局(原佛山市对外经贸委员会)报批,而是直接到登记机构办理了变更登记。2018年10月18日,东方医疗公司再次作出董事会决议,同意澳善美公司将占公司注册资本17.727%的股权、共210.59676万元的出资额(实缴出资210.59676万元)以839.76万元转让给华雄威公司。澳善美公司两次通过董事会决议的形式将其所持东方医疗公司共21.31%的股权违法转让给了华雄威公司,不仅侵犯了蓝某及东方医疗公司其他股东对其股权转让享有的优先受让权利,而东方医疗公司变更注册资本未报审批机关批准,更属严重的违法行为。故此,蓝某认为,东方医疗公司分别于2018年10月10日和2018年10月18日作出的两份董事会决议因违法和违反公司章程,应予以撤销。故蓝某起诉请求依法撤销上述决议。

东方医疗公司答辩称:蓝某的诉讼请求无事实和法律依据,应予以驳回。(1)东方医疗公司董事会依法作出涉案两次董事会决议,不违反法律、法规及公司章程的规定。根据《公司法》及公司章程的规定,董事会是东方医疗公司的最高权力机构,有权作出涉案的决议事项。蓝某主张决议事项违法和违反公司章程,没有事实依据,理由不能成立。(2)涉案两次董事会决议所涉的企业变更事项已向佛山市商务局备案,蓝某关于决议未经原审批机关批准而属严重违法的主张不能成立。

法院认定事实:东方医疗公司成立于1999年2月12日,为台港澳地区与境内合资的有限责任公司，投资人辛某某、蓝某等与澳善美公司于2006年6月30日签订建立合资经营东方医疗公司的合同，制定公司章程。

2018年7月19日，澳善美公司发出外资方股份转让通知，通知澳善美公司拟转让东方医疗公司30%的股权，约定唯一受让方为华雄威公司，该股权交易为整体转让。自发出通知30日内，其他股东如有异议，务必书面提出，以便协商。

2018年8月28日，东方医疗公司发出股东扩大会议通知，会议议题：(1)有关外资方股东的股权转让沟通；(2)面临厂部拆迁问题而进行增资扩股的表决。签到股东包括蓝某在内15人。该次股东会议中所讨论的东方医疗公司增资扩股明细表中列明15位股东，除蓝某外其余股东均签名确认。该明细表说明载明：于2018年9月14日董事会决议增资扩股，并经股东大会讨论，股东9月30日前确定是否认购，并于10月15日前汇入认购款项。

2018年10月10日，东方医疗公司召开董事会，会议决议如下：(1)同意公司新增华雄威公司为公司股东。(2)同意公司投资总额由1080万元变更为1188万元。公司注册资本变更后股东出资情况变更，其中，澳善美公司总认缴出资388.80万元，占比为32.727%，新增股东华雄威公司认缴出资42.562712万元，占比为3.583%。(3)同意更新股东身份证信息、附身份证复印件；(4)同意就上述决议事项修改公司章程相关条款。全体董事梁某某、黄某某、杨某某均签名确认。

2018年10月16日，经佛山市南海区市场监督管理局核准变更登记，变更登记事项如下：(1)投资总额及注册资本由1080万元变更为1188万元；(2)公司股东由变更登记前的梁某某、何某某、张某一、张某二、杨某某、郭某某、张某三、黎某某、蓝某、辛某某、曾某某、陈某某、何某某及澳善美公司，变更为登记后新增加华雄威公司；(3)章程修正案备案登记。

2018年10月18日，澳善美公司与华雄威公司签订股权转让合同，双方一致同意，由澳善美公司将持有东方医疗公司的17.727%的股权共210.59676万元出资额，以839.76万元转让给华雄威公司。

2018年10月18日，东方医疗公司召开董事会，会议决议如下：同意澳善美公司将占公司注册资本3%的股权共35.64万元的出资额以125.52万元转让给杨某某；同意澳善美公司将占公司注册资本2%的股权转让给梁某某；同意澳善美公司将占有公司注册资本1%的股权转让给曾某某；同意澳善美公司将占有公司注册资本1%的股权转让给何某某；同意澳善美公司将占有公司注册资本1%的股权转让给郭某；同意澳善美公司将占有公司注册资本1%的股权转让给张某一；同意澳善美公司将占有公司注册资本17.727%的股权转让给华雄威公司。转让后,澳善美公司占比例为6%,华雄威公司占比例为21.31%。同日对转让后各股东出资情况的变更进行公司章程修正并向工商行政管理部门办备案登记。

**【案件争点】**

2018年10月10日以及2018年10月18日分别作出的董事会决议是否应予撤销。

**【裁判要旨】**

蓝某主张撤销的理由在于,该两次董事会决议使澳善美公司达到将其股权转让给华雄威公司的目的,侵犯了其他股东对其股权转让所享有的优先受让权,认为该两份董事会决议违反了法律及2006年公司章程的规定。

对此,法院首先认为,董事会形成决议系公司自治的结果,公司决议撤销案件是司法权对于公司治理领域的介入,因此,在审查董事会决议效力时需要遵循适度谦抑性的原则。从《公司法》第22条第2款"董事会的会议召集程序、表决方式违反法律、行政法规或者公司章程,或者决议内容违反公司章程的,股东可以自决议作出之日起六十日内,请求人民法院撤销"的规定来看,司法审查对公司行为的规制着重应体现在程序上,原则上不介入公司内部事务,应最大限度赋予公司内部自治的权力。《公司法解释四》第4条重申了《公司法》第22条第2款列明的上述股东可以申请撤销公司决议的条件。

本案中,蓝某并未对涉诉两次董事会会议的召集及表决方式提出异议,东方医疗公司所出具的证据显示董事会决议由公司3位董事一致同意通过,考虑董事会组成人数等实际情况,法院确认上述事项不存在导致涉案董事会决议被撤销的情形。至于蓝某所诉称的该两次董事会决议就表决的内容是否违反了公司章程,法院梳理如下:

据查明的事实可知,东方医疗公司2006年制定的公司章程规定:董事会由3名董事组成,董事会是合营公司的最高权力机构,决定合营公司的一切重大事宜,需董事会一致通过的事项包括了合资公司章程的修改,合资公司注册资本的增加、减少与转让,一方或数方转让其在本公司的股权等在内的事项。

本案诉争的两次董事会决议前,股东澳善美公司于2018年7月19日向各股东发出拟向华雄威公司转让30%股权的通知并征询各股东意见,从股东扩大会议通知上15名股东均签到的情况及增资扩股明细表中14位股东的认购签名所示,法院认为澳善美公司履行了相应的告知及协商义务。2018年7月9日,东方医疗公司召集董事会会议，董事会一致通过修改2006年公司章程第13条内容，该决议内容符合2006年公司章程中关于修改公司章程的规定。后至涉诉的两次董事会决议即2018年10月10日董事会通过新增华雄威为公司股东及公司投资总额、注册资本增加到1188万元的决议；2018年10月18日，董事会通过澳善美公司分别向公司其他股东共计7人转让相应股权的决议。两次董事会决议事项均对公司章程进行了相应的修改及备案，法院经审核认为涉诉两次董事会决议由董事会一致同意通过，决议内容符合公司章程的相关规定，并不存在违反公司章程之情形。

对于蓝某所提出的，涉诉两次董事会决议产生新增华雄威公司为公司股东及澳善美向华雄威公司转让17.727%股权的事实，法院认为该问题应属于公司内部治理领域，为商业判断问题，即公司管理人员依据其自身所具有的商业经验对公司经营事务所进行的主观选择。本案中，蓝某并未举证该商业判断存在违反法律禁止性规定之情形，如果对于董事会的自主商业行为进行司法审查，则意味着司法审查的边界将延伸至判断商业行为合理性的范畴，而某个商业判断是否合理则最应当交由既身处具体商业活动中又秉持审慎态度的公司管理人员来决定，将这种商业判断问题交由司法机关决定有违公司自治及司法谦抑性原则的要求，亦有悖于《公司法》第22条第2款的立法本意。综上，蓝某的诉讼请求于法无据，不予支持。

## 例案三　新疆豪骏贸易有限公司、张某某与乌鲁木齐市祥平实业有限公司、乌鲁木齐市祥平房地产开发有限公司公司决议撤销纠纷案

**【法院】**

新疆维吾尔自治区高级人民法院

**【案号】**

(2014)新民再终字第1号

**【当事人】**

申请再审人(一审原告、二审上诉人)：新疆豪骏贸易有限公司

法定代表人：张某某，该公司总经理

申请再审人(一审原告、二审上诉人)：张某某

被申请人(一审被告、二审被上诉人)：乌鲁木齐市祥平实业有限公司

法定代表人：雷某，该公司总经理

一审被告、二审上诉人：乌鲁木齐市祥平房地产开发有限公司

法定代表人:林某某,该公司总经理

**【基本案情】**

申请再审人就新疆豪骏贸易有限公司(以下简称豪骏公司)、张某某与乌鲁木齐市祥平实业有限公司(以下简称实业公司)、乌鲁木齐市祥平房地产开发有限公司(以下简称房地产公司)公司决议撤销纠纷一案,不服(2011)新民二终字第3号民事判决,向最高人民法院申请再审。最高人民法院于2012年8月23日作出(2012)民申字第741号民事裁定,指令新疆维吾尔自治区高级人民法院再审本案。

豪骏公司、张某某申请再审称:(1)房地产公司2010年3月25日召开的所谓股东会形成的10项决议与公司章程及公司法的规定均不相符。我国《公司法》第25条将法定代表人列为公司章程的必备内容。所以,对公司法定代表人的变更属于对公司章程的修改。原审将公司法定代表人的变更认定为不属于修改章程的范围违反了公司法的规定和公司章程的约定。2010年3月25日房地产公司召开股东会并形成10项股东会决议中的第1项与第10项均属于部分股东修改公司章程的无效行为,原审未将其认定为修改公司章程的行为有误。(2)房地产公司章程规定经2/3以上表决权通过的事项为:修改公司章程,增加或者减少注册资本,公司合并、分立、解散或者变更公司形式。该规定与公司法规定相同。被申请人辩解的其余事项经代表1/2以上表决权的股东通过生效属于狡辩。请求:(1)撤销一审、二审判决;(2)撤销房地产公司2010年3月25日的股东会决议,支持一审原告的全部诉讼请求。

实业公司及房地产公司答辩称:(1)现申请再审人再审请求支持其全部诉讼请求与其二审上诉请求不符,再审申请人对其已经认可的一审判决的判项提出申诉,但并未对法定事由进行阐述和举证,其该项请求不成立。(2)再审申请人认为原一审、二审判决适用法律错误的观点不能成立。豪骏公司与张某某观点的错误在于把修改章程的条款和对章程载明的事项作出决议等同于一回事。公司股东会作出决议,涉及公司章程条款修改的,才需要公司股东会作出章程修正案的决议,如不涉及章程条款修改,则无须修改公司章程。因此,修改章程的具体条款和对章程载明事项作出决议是两回事,不能等同。豪骏公司、张某某认为章程中已经记载张某某为法定代表人,公司股东会决议免除其法定代表人就是对章程的修改,须2/3以上表决权通过方为有效的说法显然不能成立。本案所涉股东会召开并决议免除张某某法定代表人身份时,张某某正被公安机关采取刑事强制措施,符合不得担任法定代表人的法定情形。而截至目前,张某某又因个人欠下数百万元的巨额债务,根据《公司法》第147条和《企业法人法定代表人登记管理规定》第4条规定同样无法担任任何一家公司的法定代表人职务。(3)张某某存在法律规定的“不得担任法定代表人”的情形，房地产公司通过股东会决议方式免除其法定代表人职务符合公司章程和法律的规定。房地产公司作出股东会决议免除张某某房地产公司经理、法定代表人职务的行为不属于“修改公司章程”，不必须经代表2/3以上表决权的股东通过。

法院经审理查明：2005年11月18日，房地产公司进行重组，重组后的股东有实业公司、豪骏公司、张某某三方。2009年4月14日，房地产公司召开股东会进行公司章程修正。房地产公司章程修正案将股东出资额变更为：实业公司占总额的51%，豪骏公司占总额的10%，张某某占总额的39%；经股东推举，孟某某担任执行董事；张某某担任总经理，为公司法定代表人。2009年9月9日，房地产公司修订并签署新的公司章程。

2010年3月18日，房地产公司、孟某某向张某某及其担任法定代表人的豪骏公司送达《乌鲁木齐市祥平房地产开发有限公司股东会会议的通知》。2010年3月25日，房地产公司召开股东会并形成10项股东会决议，其内容为：“1. 同意免去张某某房地产公司总经理职务、法定代表人职务；2. 同意免去王某平房地产公司副总经理职务；3. 同意免去李某新房地产公司副总经理职务；4. 同意免去王某华房地产公司财务部经理职务；5. 同意免去程某川房地产公司采购部经理职务；6. 同意聘请林某洲担任房地产公司总经理职务；7. 同意聘任林某洲担任房地产公司法定代表人职务；8. 同意聘请许某华担任房地产公司副总经理职务；9. 同意聘请杨某武担任房地产公司工程部经理职务；10. 同意将房地产公司章程恢复到2009年4月14日公司章程修正案的内容。”

乌鲁木齐市公安局于2010年1月18日作出乌公经字(2010)008号立案决定书，决定对张某某、杨某玲涉嫌职务侵占、挪用资金案立案侦查。2010年2月1日乌鲁木齐市公安局决定对张某某取保候审，2011年1月31日因取保候审期限届满，乌鲁木齐市公安局决定对张某某解除取保候审。

**【案件争点】**

2010年3月25日房地产公司的股东会决议是否应当被撤销。

**【裁判要旨】**

首先，房地产公司2009年9月9日章程第15条第1款规定，“召开股东会议，应当于会议召开二日以前通知全体股东。以电话或手机短信方式向以下股东代表发出通知后即视为有效通知。必要时,可提前一周以特快专递或挂号信方式向本条第(1)项股东代表列明的地址邮寄送达,邮件发出之日,即视为有效通知"。孟某某是实业公司的股东代表、张某某是其本人及豪骏公司的股东代表。第16条规定,"股东会会议由执行董事召集并主持,执行董事不能履行职务或不履行职务的,由股东召集并主持"。因此,2010年3月18日,根据孟某某的申请,公证部门向张某某(同时是豪骏公司法定代表人)公证送达了房地产公司2010年3月25日股东会会议通知,其召集程序符合房地产公司章程规定,亦不违反法律、行政法规。

其次,根据再审中诉辩双方意见,双方目前争议的主要是有限责任公司法定代表人变更是否须经代表2/3以上表决权的股东通过的法律适用问题。房地产公司2009年9月9日章程第14条第1款规定,"股东会议由股东按照出资比例行使表决权。股东会对修改公司章程、对公司增加或减少注册资本、分立、合并、解散或者变更公司形式须经代表三分之二以上表决权的股东通过"。该内容与公司法规定一致。我国公司法虽然规定股东会会议作出修改公司章程、增加或者减少注册资本的决议,以及公司合并、分立、解散或者变更公司形式的决议,必须经代表2/3以上表决权的股东通过。但对于法定代表人变更事项的决议,并无明确规定,而房地产公司的章程对此也未作出特别约定。从立法本意来说,只有对公司经营造成特别重大影响的事项才需要经代表2/3以上表决权的股东通过。公司法定代表人一项虽属公司章程中载明的事项,但对法定代表人名称的变更在章程中体现出的仅是一种记载方面的修改,形式多于实质,且变更法定代表人时是否需修改章程是工商管理机关基于行政管理目的决定的,而公司内部治理中由谁担任法定代表人应由股东会决定,只要不违背法律法规的禁止性规定就应认定有效。此外,从公司治理的效率原则出发,倘若对于公司章程制定时记载的诸多事项的修改、变更均需代表2/3以上表决权的股东通过,则反而是大股东权利被小股东限制,若无特别约定,是有悖于资本多数决原则的。若更换法定代表人必须经代表2/3以上表决权的股东通过,那么,张某某、豪骏公司只要不同意就永远无法更换法定代表人,这既不公平合理,也容易造成公司僵局。因此,公司股东会按照股东出资比例行使表决权所形成的决议,理应得到尊重。公司更换法定代表人,只要股东会的召集程序、表决方式不违反法律、行政法规或公司章程的规定,即可多数决。张某某及豪骏公司申请再审认为房地产公司法定代表人的变更须经代表2/3以上表决权的股东签署通过的理由不能成立。

再次,房地产公司章程规定股东会有权聘任和解聘公司经理。因此,房地产公司2010年3月25日股东会决议中涉及更换法定代表人的内容本身并不违反公司章程。该股东会决议中虽然未写明更换法定代表人的原因，但由于公司法尊重公司自治，公司内部法律关系原则上由公司自治机制调整，司法机关原则上不介入公司内部事务。因此，法院应当尊重公司自治，本案中亦无须审查股东会决议更换法定代表人的原因是否存在，只要股东会议召集程序、表决方式未违反法律、行政法规或公司章程，决议内容未违反公司章程。那么，更换法定代表人所依据的事实是否属实、理由是否成立，均不属于司法审查范围。

最后，房地产公司2010年3月25日股东会决议其他关于公司副总经理及经理的任免事项，因属于股东会议的职权，依据公司章程的规定，经代表1/2以上表决权的股东通过即可生效。上述股东会决议对此部分事项的决议符合公司章程规定，亦不违反法律、行政法规。张某某及豪骏公司再审中要求撤销此部分决议事项的请求不能成立。张某某及豪骏公司原审中关于实业公司侵权的主张，因其未能提供充足证据证明侵权成立，原审驳回其关于侵权及赔偿损失的诉讼请求正确，其再审中仍要求支持其该部分诉讼请求无事实及法律依据。

## 三、裁判规则提要

股东会、股东大会是公司的权力机关，董事会是公司常设的经营决策机关。股东会、股东大会和董事会通过召开会议，形成决议行使权力。上述决议一旦依法作出并生效，则变为公司的意志，对公司及股东具有约束力。因此，股东会、股东大会及董事会决议对股东关系重大，有关决议有瑕疵的，可能损害股东的合法权益，股东有权对其提起无效或撤销之诉。

《公司法》第22条规定："公司股东会或者股东大会、董事会的决议内容违反法律、行政法规的无效。股东会或者股东大会、董事会的会议召集程序、表决方式违反法律、行政法规或者公司章程，或者决议内容违反公司章程的，股东可以自决议作出之日起六十日内，请求人民法院撤销。股东依照前款规定提起诉讼的，人民法院可以应公司的请求，要求股东提供相应担保。公司根据股东会或者股东大会、董事会决议已办理变更登记的，人民法院宣告该决议无效或者撤销该决议后，公司应当向公司登记机关申请撤销变更登记。"本条对于公司决议效力的认定、能否撤销及撤销的除斥期间等问题进行了明确规定。

### （一）公司决议诉讼的立法沿革

1993年《公司法》对于公司决议的效力及撤销问题没有明确规定。该法第111

条规定:“股东大会、董事会的决议违反法律、行政法规,侵犯股东合法权益的,股东有权向人民法院提起要求停止该违法行为和侵害行为的诉讼。”该条对违反法律和行政法规的公司决议作出规定,但并未明确规定如何进行起诉,且对违反公司章程的公司决议未做规定,没有相应的救济途径,司法实践中的处理方式不一,有的不予立案,有的驳回起诉或驳回诉讼请求,有的判决公司决议无效,有的判决撤销公司决议。2000 年 10 月 30 日,最高人民法院发布《民事案件案由规定(试行)》,将此类纠纷归入公司决议侵害股东权纠纷案由中,明确法院应当受理此类案件。但毕竟原有的法律规定过于原则,股东的权利仍无法得到充分保障。2005 年《公司法》第 22 条对公司决议的不同瑕疵进行了区分,分为公司决议无效和可撤销两类。第 1 款规定公司决议内容违反法律、行政法规的无效,第 2 款规定了公司决议可撤销的情形。2008 年《民事案件案由规定》中第 249 种案由规定为“股东会或者股东大会、董事会决议效力纠纷”,又细分为:第一,股东会或者股东大会、董事会决议效力确认纠纷。第二,股东会或者股东大会、董事会决议撤销纠纷。2011 年 2 月 18 日,《最高人民法院关于修改〈民事案件案由规定〉的决定》对上述案由进行了修订,修改后的第 250 种案由规定为“公司决议纠纷”,又细分为:第一,公司决议效力确认纠纷;第二,公司决议撤销纠纷。2013 年和 2018 年修订的《公司法》沿袭了 2005 年《公司法》第 22 条的规定,对该条没有进行修改。《公司法解释四》第 4 条规定:“股东请求撤销股东会或者股东大会、董事会决议,符合民法典第八十五条、公司法第二十二条第二款规定的,人民法院应当予以支持,但会议召集程序或者表决方式仅有轻微瑕疵,且对决议未产生实质影响的,人民法院不予支持。”

我国公司法将公司决议的效力瑕疵区分为无效和可撤销两种情形。我国公司法对于违反章程的公司决议规定为可撤销的决议,这一点与其他国家和地区的规定不同。《日本商法典》1981 年修改前将决议内容违反公司章程作为决议无效的原因,现行法则将其作为决议可撤销的原因。我国公司法将决议内容违反章程作为可撤销的原因,更有利于稳定公司法律关系,促进公司自治。

### (二)公司决议诉讼的法规解读

公司决议,包括股东会、股东大会决议和董事会决议,是公司的意思决定。现代公司法强调公司自治,对公司决议原则上不进行司法干预,因为对于公司事务的判断,公司本身最有发言权,法院不能替代公司作出商业判断。但当公司决议存在瑕疵时,根据《公司法》第 22 条的规定,股东可以提起公司决议无效或撤销之诉。

从该规定看，公司决议可撤销的原因包括：召集程序违反法律、行政法规或公司章程，表决方式违反法律、行政法规或公司章程，决议内容违反公司章程。因此，法院在公司决议撤销纠纷案件中的司法审查范围原则上限于对上述三个可撤销原因的审查。具体包括：(1)召集程序方面的瑕疵。常见的召集程序瑕疵包括召集人不适格、未按照规定期限发送召集通知、未采用规定的方式发送召集通知等。(2)表决方式的瑕疵。常见的表决方式瑕疵包括未达到法定的表决比例、参与表决的主体不具备表决资格、表决权行使受到不当干扰等。(3)决议内容是否符合章程。公司法将违反章程列为公司决议可撤销的原因，而非无效的原因。在公司决议撤销纠纷案件中，对决议内容的审查是看决议的内容是否符合章程的规定，而不是审查其内容是否合法。如果决议的内容违反了法律或行政法规的强制性规定，其结果是决议无效，而不是可撤销。

另外需要注意的是，撤销之诉需由股东自决议作出之日起 60 日内提起；超过 60 日的，股东便失去这一权利，法院不再受理该撤销之诉。股东在提起这一诉讼时，其应当持有公司的股权，即具有公司股东的适格性。决议被人民法院撤销的，自撤销之日起失去效力。

### (三)公司决议诉讼的自治理念

现代公司法奉行公司自治原则，要求公司内部法律关系原则上由公司自治机制调整，尽量减少司法权对公司内部事务的干预，在不得不司法介入的情形下，也必须持非常谨慎的态度。司法应充分尊重公司决策机关的商业判断，只要公司的商业决策不损及强制性规定和社会公共利益，一般不应当否定其正当性。公司经营活动是一种复杂的商事活动，很多情况下很难在事后准确推导出当事人过去行为的合理性。另外，公司的公司法人治理结构由决策权力机关、执行机关、监督机关组成，公司法推行股东内部救济原则，更有利于当事人及时主张其权利，也防止了当事人滥用诉讼权利。因此，司法审查的范围仅限于公司决议的内容是否违反公司章程，决议的程序是否违反法律、行政法规和公司章程，而不论其他。

司法实践中，涉及公司决议撤销纠纷的案件众多，亦有相当数量的案件涉及公司决议内容。在审理此类案件时，应审查公司决议内容是否违反公司章程规定，对于并不违反公司章程规定的公司决议，其是否具有作出依据、作出依据是否合理等在所不问。这是因为公司自治是现代公司法的灵魂，也是私法自治和市场经济的要求。公司自治精神的核心是尊重公司的商业判断，尊重公司、股东、董事依法作出的自主选择。只有当公司自治机制被滥用或失灵时,才能启动司法程序。从公司法的规定看,对公司行为的规制着重体现在程序上,原则上不介入公司内部事务,以最大限度赋予公司内部自治的权力。

## 四、辅助信息

**高频词条:**

**《公司法》**

**第二十二条** 公司股东会或者股东大会、董事会的决议内容违反法律、行政法规的无效。股东会或者股东大会、董事会的会议召集程序、表决方式违反法律、行政法规或者公司章程,或者决议内容违反公司章程的,股东可以自决议作出之日起六十日内,请求人民法院撤销。股东依照前款规定提起诉讼的,人民法院可以应公司的请求,要求股东提供相应担保。公司根据股东会或者股东大会、董事会决议已办理变更登记的,人民法院宣告该决议无效或者撤销该决议后,公司应当向公司登记机关申请撤销变更登记。

**《公司法解释四》**

**第四条** 股东请求撤销股东会或者股东大会、董事会决议,符合民法典第八十五条、公司法第二十二条第二款规定的,人民法院应当予以支持,但会议召集程序或者表决方式仅有轻微瑕疵,且对决议未产生实质影响的,人民法院不予支持。

# 公司股东权利行使与责任案件裁判规则第 11 条：

## 公司根据股东会或股东大会、董事会决议已办理变更登记，人民法院判决确认该决议不成立或撤销该决议的，相关主体请求公司撤销变更登记，人民法院应当予以支持，但撤销变更登记涉及善意相对人利益的除外

〔**规则描述**〕：公司根据股东会或者股东大会、董事会决议已办理变更登记的，如果所依据的决议被人民法院判决确认无效或者撤销的，《公司法》第 22 条、《公司法解释四》第 6 条规定公司应当向公司登记机关申请撤销变更登记，但公司依据该决议与善意相对人形成的民事法律关系不受影响。由于决议不成立是《公司法解释四》新确立的制度，对于公司决议不成立的法律后果，现行公司法律规范未做规定。考虑到公司决议不成立也可能涉及变更登记的问题，且公司决议不成立的法律后果与公司决议无效、被撤销的法律后果均导致公司决议不具有约束力，故应当参照《公司法》《公司法解释四》关于公司决议无效、被撤销时的法律后果，明确如果公司办理变更登记所依据的决议被人民法院判决确认不成立，公司应当向公司登记机关申请撤销变更登记，但公司已经依据该决议与善意相对人形成的民事法律关系不受影响。

### 一、类案检索大数据报告

截至 2020 年 3 月 31 日，以“请求变更公司登记纠纷”“公司决议纠纷”“不成立”“撤销变更登记”“撤销工商变更登记”为关键词，通过 Alpha 案例库共检索到类案 116 件，经逐案阅看、分析，与本规则关联度较高的案件共有 69 件。因其中存在同一案件的一审、二审、再审裁判，严格意义上应将其认定为一起案件，同时还有不同股东因对同一家公司同一份股东会决议有异议而提起的多起诉讼，实质上争议的焦点问题是相同的，故剔除前述情形后，实际共有 41 件案件。整体情况如下：

从类案地域分布看，涉案数最多的地域是北京市和四川省，均为 7 件；其次是山东省和江苏省，均为 4 件。类案主要地域分布如图 11 - 1 所示。

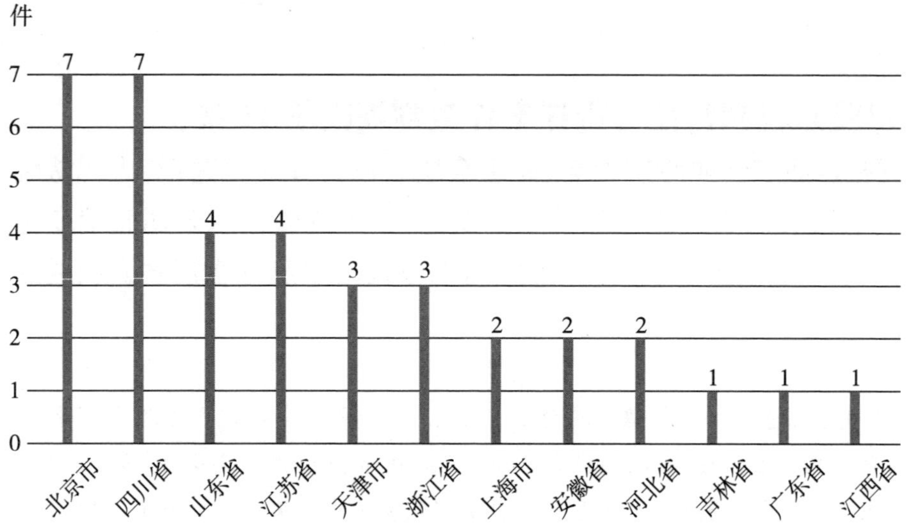


**图 11－1 类案主要地域分布**

从类案结案时间看,最多的年份是 2019 年,共有 15 件;其次为 2018 年,共有 12 件。

从案件经历的审理程序看,只经过一审程序的共计 26 件,经过一审、二审两审程序的共计 15 件(如图 11－2 所示)。

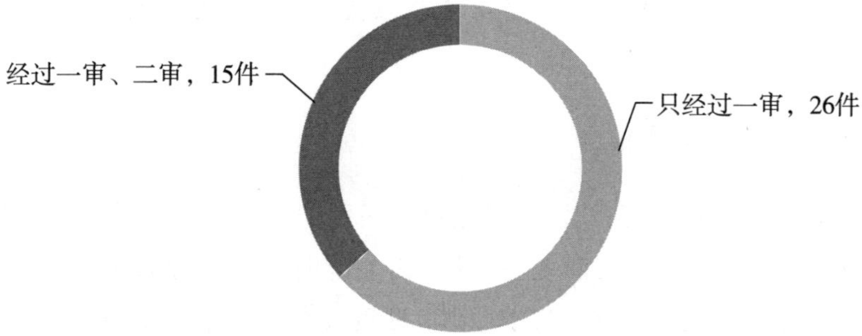


**图 11－2 类案经过的审理程序**

## 二、可供参考的例案

### 例案一 谢某某与四川科莱克集成建筑科技有限公司、周某、秦某、王某、毛某公司决议效力确认纠纷案

【法院】

四川省成都市中级人民法院

【案号】

(2019)川01民终21011号

【当事人】

原告：谢某某

被告：四川科莱克集成建筑科技有限公司

法定代表人：王某，该公司执行董事兼总经理

第三人：周某

第三人：秦某

第三人：王某

第三人：毛某

【基本案情】

四川科莱克集成建筑科技有限公司(以下简称科莱克公司)企业信用公示信息载明如下事实：该公司于2015年12月22日经成都市高新工商局核准注册成立，该公司目前股东为谢某、秦某、王某、毛某。2016年11月29日，该公司股东由黄某某、姜某某、谢某、周某变更为周某；2016年12月15日，该公司股东由周某变更为毛某、唐某某、王某、周某；2017年9月25日，该公司股东由毛某、唐某某、王某、周某变更为谢某某、秦某、王某、毛某、周某；2018年11月21日，该公司股东由谢某某、秦某、王某、毛某、周某变更为谢某某、秦某、王某、毛某。该公司发起股东黄某某、姜某某、谢某某、周某认缴出资日期载明为2019年12月15日。载明时间为2017年7月17日《四川科莱克集成建筑科技有限公司股东会决议》，载明主持人为王某，参加人为周某、谢某某、毛某、王某、秦某，主要内容是，同意公司注册资本由1224万元减少至50万元。减少的1174万元的注册资本中，由周某减少152.62万元，谢某某减少258.28万元，秦某减少469.6万元，王某减少58.7万元，毛某减少234.8万元。同意修改公司章程第1章第7条、第8条。该股东会决议所附科

莱克公司章程载明时间为2017年10月17日,该章程第7条载明该公司注册资本50万元,第8条载明周某出资额6.5万元,谢某某出资11万元,秦某20万元,王某出资2.5万元,毛某出资10万元,出资时间均为2067年9月18日。上述股东会决议、章程上有5名股东的签字。法院庭审中,各方一致陈述,本次股东会未实际召开,上述签字均非股东本人签字,均是由工商代办机构代签。但周某、秦某、王某、毛某主张,上述材料提交工商登记机关前,均口头与谢某某沟通征得其同意。载明时间为2017年9月18日《四川科莱克集成建筑科技有限公司股东会决议》,载明主持人为周某,参加人为周某、唐某某、谢某某、毛某、王某、秦某,主要内容是,同意吸收谢某某为公司新股东,周某将自己公司22%的股权269.28万元(其中实缴0元)转让给谢某某;唐某某将该公司40%的股权489.6万元(其中实缴0元)转让给秦某,转让完毕后退出股东会;选举秦某为监事,选举王某为执行董事,一致通过公司新章程。该股东会决议所附科莱克公司章程载明时间为2017年9月17日,该章程第7条载明该公司注册资本1224万元,第8条载明周某出资额159.12万元,谢某某出资269.28万元,秦某489.6万元,王某出资61.2万元,毛某出资244.8万元,出资时间均为2067年9月18日。以上股东会决议有上述6人的签字;以上章程有周某、秦某、王某、毛某、谢某某签字。法院庭审中,各方一致陈述,本次股东会未实际召开,上述签字均非股东本人签字,均是由工商代办机构代签。但周某、秦某、王某、毛某主张,上述材料提交工商登记机关前,均口头与谢某某沟通征得其同意。公司减资公告复印件,科莱克公司减资决议已登报公告。周某、秦某、王某、毛某提交科莱克公司2016年3月22日章程修正案1份(共3页),主要载明,将公司原章程中记载的股东周某、谢某某、黄某某、姜某某变更为周某、谢某某。章程修正案最后一页载明周某持股比例为51%(认缴624.24万元),谢某某持股比例为49%(认缴599.76万元),"所有股东的认缴资金在公司设立之日起15年内实缴到位"。该页有谢某某、周某、黄某某、姜某某签名。法院庭审中,谢某某认可该签字是谢某某本人所签,但不认可前两页内容。谢某某与科莱克公司民间借贷纠纷一案,四川省成都市中级人民法院于2017年12月1日作出(2017)川01民终12266号民事判决,判令科莱克公司于判决生效之日起10日内向谢某某返还借款本金95万元及利息。谢某某依据该生效裁判文书向四川省成都高新技术产业开发区人民法院申请执行,并申请追加周某、秦某、王某、毛某为被执行人。该院于2019年3月21日作出(2019)川0191执异65号执行裁定,认为依照科莱克公司章程,周某、秦某、王某、毛某的出资期限为2067年9月18日,且该公司通过股东会决议减资,属于实体问题，不属于该案审查范畴，应另案解决，因此裁定驳回谢某某要求追加周某、秦某、王某、毛某为被执行人的申请。(2017)川01民终12266号民事判决还认定以下事实：科莱克公司章程(2015年版)第8条规定：周某认缴出资额625.24万元(实物：无形资产)，实缴出资额为0；谢某某认缴出资额269.28万元(货币)，实缴出资额为0；黄某某认缴出资额269.28万元(货币)，实缴出资额为0；姜某某认缴出资额61.2万元(货币)，实缴出资额为0；上述股东认缴期限均为2019年12月15日。

谢某某向一审法院起诉请求：(1)确认科莱克公司于2017年7月17日作出的股东会决议不成立；(2)判令科莱克公司立即向公司登记机关申请撤销依据2017年7月17日《四川科莱克集成建筑科技有限公司股东会决议》作出的工商变更登记，即将注册资本恢复至1224万元；(3)确认科莱克公司于2017年9月18日作出《四川科莱克集成建筑科技有限公司股东会决议》不成立；(4)判令科莱克公司立即向公司登记机关申请撤销依据2017年9月18日《四川科莱克集成建筑科技有限公司股东会决议》作出的工商变更登记，即将认缴出资期限恢复至2019年12月15日。四川自由贸易试验区人民法院审理后作出一审判决：(1)确认记载时间为2017年7月17日的《四川科莱克集成建筑科技有限公司股东会决议》、记载时间为2017年9月18日的《四川科莱克集成建筑科技有限公司股东会决议》不成立；(2)驳回谢某某的其他诉讼请求。谢某某不服一审判决，提起上诉。四川省成都市中级人民法院审理后，作出二审判决：驳回上诉，维持原判。

**【案件争点】**

1. 2017年7月17日、2017年9月18日股东会决议是否确认不成立；

2. 是否判令科莱克公司变更登记及如何变更登记。

**【裁判要旨】**

法院认为，关于2017年7月17日、9月18日股东会决议是否成立的问题。谢某某、周某、秦某、王某、毛某一致陈述，2017年7月17日、9月18日股东会决议上的股东签名均不是股东本人签字，所记载的股东会未实际召开。《公司法解释四》第5条规定："股东会或者股东大会、董事会决议存在下列情形之一，当事人主张决议不成立的，人民法院应当予以支持：(一)公司未召开会议的，但依据公司法第三十七条第二款或者公司章程规定可以不召开股东会或者股东大会而直接作出决定，并由全体股东在决定文件上签名、盖章的除外……"本案无证据证明以上两份股东会决议的签字是经过谢某某同意代签的。且时间记载为2017年7月17日股东会决议与对应的2017年10月17日的章程,与2017年9月20日的章程存在时间逻辑错乱问题。合理的时间逻辑是2017年9月18日股东会决议先形成,2017年7月17日股东会决议后形成。因此,时间记载为2017年7月17日的股东会决议是事后倒签补作。综上,以上两份股东会决议依法不成立。

关于科莱克公司应否变更登记以及如何变更登记的问题,法院认为:

第一,由于以上两份股东会决议不成立,相应的章程效力基础不存在。原则上科莱克公司应当将其章程约定事项恢复到2017年9月20日章程、10月17日章程之前的状态。本案证据反映,科莱克公司注册资本从成立开始一直为1224万元,直到2017年10月17日通过章程修正后减资为50万元。科莱克公司确应将注册资本恢复到1224万元。但是,上述两份股东会决议及对应的章程,不仅涉及注册资本,还涉及持股比例、股东变动、出资期限等问题。如判令科莱克公司注册资本恢复到1224万元,需要对各股东的认缴出资比例、约定出资期限一并作出安排,否则不具有可执行性。如将公司注册资本、股东、出资比例恢复到2017年9月20日章程之前的状态,还涉及之前的股东唐某某,以及目前已经退出公司的原股东周某的股份份额安排问题。而周某、秦某、王某、毛某坚持认为上述股东会决议是其真实意思表示,各股东目前对上述事项安排意见明显不一致。《民法总则》第5条规定:"民事主体从事民事活动,应当遵循自愿原则,按照自己的意思设立、变更、终止民事法律关系。"审理公司类案件,应当贯彻意思自治原则,应当尊重当事人对公司相应事项作出的约定安排。一审法院如强行对以上相关事项进行判决安排,缺乏必要的意思自治基础,属于干预公司自治和代替股东作出意思表示,不具备可行性。

第二,关于谢某某第4项诉讼请求,即科莱克公司注册登记的股本约定认缴期限是否变更恢复到2019年12月15日的问题。虽然生效裁判文书认定科莱克公司章程(2015年版)记载的科莱克公司股东认缴期限均为2019年12月15日。但本案庭审中,周某、秦某、王某、毛某提供了2016年3月22日章程修正案1份作为证据,谢某某认可其签字真实性,应当予以采信。从其内容看,系晚于科莱克公司章程(2015年版)形成。2016年3月22日《章程修正案》载明周某与谢某某为科莱克公司各占51%和49%的股东,且双方对实际出资期限做了新的约定。应当尊重和保护当事人对实际出资期限作出的新的约定安排。因此,即使2017年9月17日章程载明出资期限为2067年9月18日的内容被撤销,也不能当然将该公司的出资期限恢复至科莱克公司章程(2015年版)记载的2019年12月15日。《民法总则》第 7 条规定："民事主体从事民事活动，应当遵循诚信原则，秉持诚实，恪守承诺。"2016 年 3 月 22 日形成的科莱克公司章程修正案最后一页明确记载，"所有股东的认缴资金在公司设立之日起 15 年内实缴到位"，谢某某在该页签名。现谢某某为达到追加科莱克公司其他股东为被执行人的目的，起诉要求变更科莱克公司股东出资期限为 2019 年 12 月 15 日，前后自相矛盾。依照诚实信用、禁止反言的基本原则，该诉讼请求事实基础不能成立，不予支持。

## 例案二　深圳市万象兴业投资有限公司与深圳市中核兴业实业有限公司、深圳市汇锦川投资有限公司、深圳市朗弘投资有限公司公司决议纠纷案

**【法院】**

广东省深圳市中级人民法院

**【案号】**

(2017)粤 03 民终 14802 号

**【当事人】**

上诉人(原审原告)：深圳市万象兴业投资有限公司

法定代表人：丁某

被上诉人(原审被告)：深圳市中核兴业实业有限公司

法定代表人：黄某某

被上诉人(原审被告)：深圳市汇锦川投资有限公司

法定代表人：徐某

被上诉人(原审被告)：深圳市朗弘投资有限公司

法定代表人：王某

**【基本案情】**

深圳市万象兴业投资有限公司(以下简称万象兴业公司)向一审法院起诉请求：(1)判决确认深圳市中核兴业实业有限公司(以下简称中核兴业公司)股东作出关于中核兴业公司增资扩股的《股东会决议》无效；(2)中核兴业公司、深圳市汇锦川投资有限公司(以下简称汇锦川公司)、深圳市朗弘投资有限公司(以下简称朗弘公司)承担本案诉讼费用。

法院认定事实：中核兴业公司成立于 2002 年 10 月 14 日。该公司原章程载明：公司增加或者减少注册资本、分立、合并、解散、变更公司形式以及修改公司章

程,必须经代表2/3以上表决权的股东同意。股东会会议由董事会召集,董事长主持,董事长因特殊原因不能履行职务时,由董事长指定的董事主持。召开股东会议,应当于会议召开15日前以书面方式或其他方式通知全体股东,股东因故不能出席时,可委托代理人参加。一般情况下,经全体股东人数半数(含半数)以上,并且代表1/2表决权的股东同意,股东会决议有效。股东会应当对所议事项的决定作成会议记录,出席会议的股东应当在会议记录上签名。

2015年7月16日,万象兴业公司(甲方)、汇锦川公司(乙方)、朗弘公司(丙方)、中核兴业公司(目标公司)签订《增资扩股协议》,约定:目标公司本次增资前的注册资本为3200万元,本次增资完成后,目标公司的注册资本为3556万元,目标公司的股权结构如下:股东万象兴业公司,出资1632万元,占注册资本的45.8943%;股东汇锦川公司,出资1568万元,占注册资本的44.0945%;股东朗弘公司,出资356万元,占注册资本的10.0112%。本协议各方一致同意,丙方将认缴目标公司新增注册资本356万元,增资后目标公司注册资本由3200万元增加至3556万元。各方同意,丙方向目标公司投资总额为5000万元,全部由丙方以现金出资的方式出资,其中,356万元计入目标公司的注册资本金,其余4644万元记入目标公司的资本公积。各方确认,丙方应按照如下方式将前述5000万元缴付至目标公司的账户内:(1)第一期356万元应于本协议签署之日起的30日内缴付,并且最迟不超过办理目标公司股权变更登记递件之日,本期投资款全部计入目标公司注册资本。(2)第二期4644万元应于目标公司就本次增资扩股事宜办理完毕工商变更登记且丙方完成对目标公司的尽职调查后分期缴付;同时,甲乙双方应当在本协议签署后3个月内向丙方提供目标公司完整的审计报告,甲乙双方未提供的,丙方有权暂不支付本期投资款的全部或部分。本期投资款全部计入目标公司资本公积。

2015年7月16日,中核兴业公司就公司增资扩股事宜作出《股东会决议》,载明:(1)公司注册资本由3200万元变更为3556万元。(2)变更公司股东出资额出资比例,原公司股东、出资额、出资比例为:股东万象兴业公司,出资1632万元,占注册资本的51%;股东汇锦川公司,出资1568万元,占注册资本的49%。增资后公司股东、出资额、出资比例为:股东万象兴业公司,出资1632万元,占注册资本的45.8943%;股东汇锦川公司,出资1568万元,占注册资本的44.0945%;股东朗弘公司,出资356万元,占注册资本的10.0112%。万象兴业公司、汇锦川公司、朗弘公司在该股东会决议上盖章。

2015 年 7 月 22 日，中核兴业公司修改了公司章程，载明：审议批准监事（会）的报告、审议批准董事会或者执行董事的报告需经代表 1/2 以上表决权的股东同意；除上述事项以外的包括但不限于公司增加或者减少注册资本、分立、合并、解散、变更公司形式以及修改公司章程、选举董事、法定代表人等的其他事项，必须经代表 2/3 以上表决权的股东同意，股东会会议由董事会召集，董事长主持，董事长因特殊原因不能履行职务时，由董事长指定的董事主持。召开股东会议，应当于会议召开 15 日前以书面方式或其他方式通知全体股东。股东因故不能出席时，可委托代理人参加。股东会应当对所议事项的决定作成会议记录，出席会议的股东应当在会议记录上签名。万象兴业公司、汇锦川公司、朗弘公司在该章程上盖章。

2015 年 8 月 5 日，深圳市市场监督管理局核准中核兴业公司变更登记申请，中核兴业公司的出资总额增加至 3556 万元，股东分别为万象兴业公司（出资额 1632 万元，出资比例 45.8943%），汇锦川公司（出资额 1568 万元，出资比例 44.0945%），朗弘公司（出资额 356 万元，出资比例 10.0112%）。

朗弘公司法定代表人王某于 2015 年 8 月 5 日向中核兴业公司支付 300 万元；于 2015 年 8 月 7 日向中核兴业公司支付 100 万元，均备注代朗弘公司支付增资款项。

上海仁济医院肾脏科出具病情简介，载明：患者周某，于 2014 年 11 月 24 日开始在该科室住院；于 2015 年 1 月 26 日突发意识不清，始终处于深度昏迷；于 2015 年 2 月 9 日宣告临床死亡。

2015 年 7 月 17 日，懿德轩公司的委托代理律师苏某向黄某某发出《关于对黄某某非法占用和使用深圳市万象兴业投资有限公司各种公章及其他资料期间应由其本人承担全部责任的律师函》《关于对黄某某非法变更中核公司法定代表人及修改该公司章程等行为应由其本人承担全部责任的律师函》。

2015 年 7 月 29 日，万象兴业公司在深圳特区报刊登《遗失声明》，称营业执照正副本、组织机构代码证正副本和代码卡、税务登记证正副本、刻章登记卡、公章、财务章、发票章、发票领购本、中信银行华侨城支行基本账户开户许可证遗失，声明作废。

2015 年 8 月 4 日，丁某向深圳市公安局沙河派出所报警，称万象兴业公司公章等公司档案资料遗失，深圳市公安局沙河派出所出具《报警回执》（回执号：J44030552000×××××××）。

2015 年 8 月 4 日，万象兴业公司法定代表人由周某变更为丁某，成员由执行

(常务)董事周某、监事陈某、总经理黄某某变更为执行(常务)董事丁某、监事杨某某、总经理丁某。

2015年8月5日,万象兴业公司在深圳市公安局南山分局挂失行政章、财政专用章,并于次日取得新的行政章、财务专用章、发票专用章。

另查,2015年9月18日,汇锦川公司的法定代表人由黄某某变更为徐某,成员由监事贾某,总经理、执行(常务)董事黄某某变更为监事贾某,总经理、执行(常务)董事徐某。

再查,朗弘公司成立于2015年7月15日,系有限责任公司(自然人独资)。

万象兴业公司当庭提交其向工商部门举报的相关材料,拟证明万象兴业公司在中核兴业公司、汇锦川公司采取欺诈手段隐瞒重要事实取得公司变更登记后,积极采取措施,向主管行政机关寻求行政救济;主管行政机关的有关业务处室负责人根据相关事实和法律,对中核兴业公司采取欺诈手段隐瞒重要事实取得公司变更登记的违法行为有了初步的认定意见。中核兴业公司、汇锦川公司、朗弘公司对该组证据的真实性不予确认,称所有变更都是依据相关股东会决议,均不存在《公司法》第22条第1款规定的违法情形,是合法有效的股东会决议,因此市场监督管理局所作的变更登记是合法有效的,不存在可撤销的情形;2017年7月20日市场监督管理局的回复也表明万象兴业公司只是提起了举报行为,市场监督管理局依照规定进行调查,不能证明股东会决议违法。

万象兴业公司当庭提交万象兴业公司新章程,拟证明万象兴业公司股东会是万象兴业公司的最高权力机构。中核兴业公司、汇锦川公司、朗弘公司对该证据的真实性、合法性予以确认,对其关联性不予确认,涉案股东会决议是中核兴业公司的增资,不属于万象兴业公司章程规定的必须由股东会决定的范围。

万象兴业公司当庭提交深南法民二初字第957号民事判决书,拟证明本案万象兴业公司与中核兴业公司存在纠纷,已由深圳市南山区人民法院作出判决,目前该案正在二审审理过程中,万象兴业公司一直在寻求通过合法的途径了解中核兴业公司的经营状况、财务状况和相关状况。中核兴业公司、汇锦川公司、朗弘公司对该证据的真实性、合法性予以确认,对其关联性不予确认,万象兴业公司、中核兴业公司、汇锦川公司、朗弘公司各方于2015年8月28日已经签署了授权中汇会计事务所对中核兴业公司进行审计,因此不存在不给万象兴业公司查询账簿的情形。

中核兴业公司提交联合控告信及其附件,拟证明:(1)万象兴业公司印章、证照没有丢失,丁某谎称丢失是欺骗行政、司法机关的不诚信行为;(2)黄某某持有万象兴业公司印章、证照合法，也是万象兴业公司、中核兴业公司正常运营的需要；(3)丁某通过伪造周某签名欺骗工商登记机关，取得万象兴业公司大股东懿德轩公司的股东、法定代表人、执行董事、总经理的身份；(4)丁某没有通知万象兴业公司另一股东焦某某补办印章、证照事宜，焦某某也没到申请补办现场。万象兴业公司对该组证据的真实性、合法性、关联性均不予确认。

中核兴业公司当庭提交2015年1月20日股权变更审批单、股权转让协议公证书、股东会决议，拟证明在周某生前黄某某就一直有权审批万象兴业公司股权变动、公章使用等事宜。万象兴业公司对该组证据的真实性、合法性、关联性均不予确认。

中核兴业公司当庭提交《中汇会计师事务所(特殊普通合伙)深圳分所关于深圳市中核兴业实业有限公司专项审计报告》节选，拟证明委托书上的公章是丁某所持的万象兴业公司公章，万象兴业公司愿意配合向新增资股东提供中核兴业公司的审计报告，并选定会计事务所做审计，派员参加审计答疑。万象兴业公司对该证据的真实性不予确认，认为审计机构中汇会计师事务所缺乏专业的执业精神，在没有形成专业资料的情形下，将单方面资料提交中核兴业公司、汇锦川公司，极大激化了双方矛盾，万象兴业公司到目前为止，没有收到过该份报告的完整正式书面版本，该审计报告系双方股东为了解公司基本状况和财务状况作出的，与本案的增资扩股没有任何关联。

中核兴业公司提交授权委托书、会议签到表、会议纪要，拟证明丁某授权王某某作为万象兴业公司代理人参与审计答疑，授权财务刘某某作为财务代表参与财务审查。万象兴业公司对该组证据的真实性予以确认，对其关联性不予确认，万象兴业公司的法定代表人变更以后，发现中核兴业公司存在多次非法变更的情形，万象兴业公司及时要求交回相关的经营手续，并且要了解公司财务状况和资产状况以及资产储值状况，在此期间万象兴业公司一直要求中核兴业公司停止非法侵犯万象兴业公司合法权益，所以该授权委托书不能够证明万象兴业公司同意并且确认本案增资扩股协议和股权变更行为；对王某某授权委托书的真实性予以确认，对其关联性不予确认。

中核兴业公司提交股东会签到表、朗弘公司授权委托书，汇锦川公司授权委托书，拟证明丁某作为股东代表于2016年2月1日与汇锦川公司及新股东朗弘公司一起参与中核兴业公司股东会，并审核关于中核兴业公司董事、监事、住所变更事项；丁某知道并认可新股东增资行为。万象兴业公司对该组证据中授权委托书的真实性、关联性不予确认;对签到表的真实性予以确认,当时会议召开内容是要解决公司的具体财务经营状况问题,万象兴业公司要了解公司财务状况,丁某作为代表人表示,因为双方对朗弘公司股东地位存在争议,所以对于会议事项没有进行表决。

中核兴业公司当庭提交2014年度、2015年度中核兴业公司财务报表,2014年年底、2015年年初待缴税款及金融机构借款余额表,《小企业固定资产贷款合同》《委托贷款协议》《深圳市国家税务局第二稽查局税务处理决定书》《深圳市南山区地方税务局责令限期改正通知书》《深圳市南山区地方税务局土地增值税清算通知书》,税务处理决定书,纳税证明,《关于申请将J402-0112地块调出基本生态控制线范围的报告》,地块示意图,《土地检查通知书》,懿德轩公司A、B整栋房地产权证,拟证明:中核兴业公司在引入朗弘公司前,已经面临流动资金不足、欠交税款、借款到期、土地不能开发、建成房产不能销售等问题,财务状况严重恶化;引入朗弘公司,增资扩股的对价合理;引入新股东,有利于缓解中核兴业公司的财务压力,没有损害原股东及公司利益。万象兴业公司对该组证据的真实性、关联性不予确认,认为不能够以中核兴业公司经营状况作为处理万象兴业公司股权的依据。

中核兴业公司提交周某的意见书、周某某出生医学证明公证书,拟证明周某某是周某的儿子,已成年;周某某陈述,丁某伪造周某签名,不正当取得懿德轩公司、万象兴业公司的公章及证照,恶意操纵万象兴业公司提起对中核兴业公司及朗弘公司的控告;丁某与本案相关的所有行为均没有取得周某继承人的一致同意;丁某通过伪造周某签名,骗取周某控制的多家公司的股东、法定代表人、董事、高管的身份;周某某作为周某的法定继承人已经向3家法院提起诉讼,要求撤销丁某通过伪造手段取得的多家公司股东、法定代表人、董事、总经理变更登记。万象兴业公司对该组证据中周某某的意见书的真实性、关联性不予确认;对周某某的出生医学证明公证书的真实性予以确认,对其关联性不予确认。

中核兴业公司当庭提交周某某诉上海市静安区市场监督管理局的行政起诉状,拟证明针对丁某通过不正当手段将自己变更为懿德轩公司股东、法人、执行董事,周某某向上海市静安区人民法院提起诉讼,要求静安区市场监督管理局撤销备案登记决定。万象兴业公司对该证据的真实性不予确认。

中核兴业公司当庭提交杨某某的情况说明及身份证复印件,拟证明杨某某是中核兴业公司的财务人员,她曾经和沈某某在银行办理业务过程中被公安部门要求配合调查,周某因涉嫌刑事案件被通缉。万象兴业公司对该组证据的真实性、关联性不予确认。

中核兴业公司当庭提交专家意见书，拟证明清华大学张卫平教授、中国政法大学赵旭东教授、清华大学朱慈蕴教授联合出具专家意见，认为公章在作废前合法有效，加盖当时合法有效公章的涉案股东会决议合法有效。万象兴业公司对该证据的真实性、关联性不予确认。

深圳市南山区人民法院审理后作出一审判决：驳回万象兴业公司的全部诉讼请求。万象兴业公司不服一审判决，提起上诉。深圳市中级人民法院审理后作出二审判决：(1)撤销一审判决；(2)中核兴业公司于2015年7月16日作出的股东会决议不成立；(3)中核兴业公司应于判决生效后3日内向深圳市市场监督管理局申请撤销该局2015年8月5日作出的中核兴业公司的变更登记。

**【案件争点】**

中核兴业公司于2015年7月16日作出的股东会决议是否具有效力；如果上述股东会决议不具有效力，相应的变更登记如何处理。

**【裁判要旨】**

公司决议行为是两个或者两个以上的当事人基于共同的意思表示而意图实现一定法律效果的行为，其满足民事法律行为的所有条件，是一种民事法律行为。法人依照法律或者章程规定的议事方式和表决程序作出决议的，该决议行为成立。股东会决议是一种民事法律行为，而法律行为的成立和生效是两个不同的概念，因此股东会决议的成立和生效也应与民事法律行为的理论相吻合，民事法律行为欠缺成立要件时，为法律行为不成立，股东会决议欠缺成立要件时，为股东会决议不成立。

法人的法定代表人是依照法律或者法人章程的规定，代表法人从事民事活动的负责人；法定代表人以法人名义从事的民事活动，其法律后果由法人承受。万象兴业公司的意思表示机关是法定代表人，法定代表人作出代表行为是公司意思表示的实质，而加盖公章或签字都只是该表意行为在形式上的确认。在本案中，即便2015年7月16日的股东会决议上加盖的万象兴业公司公章是真实的，但在万象兴业公司法定代表人已因病死亡的情况下，不能根据印章的真实性直接推定决议的真实性。公司法定代表人之外的其他人持公章对外作出民事法律行为，其行为在法律属性上仅仅只是代理行为，而非代表行为，行为的后果是否由公司承担，取决于其行为在事前是否获得了公司意思表示机关的明确授权或在事后是否受到公司的追认。黄某某系万象兴业公司的总经理，其持公司公章对外作出民事法律行为仍属代理行为,该次股东会讨论的事项为中核兴业公司增资扩股,不属于公司法与公司章程规定的总经理职权范围,需获得万象兴业公司的授权后(在万象兴业公司法定代表人死亡未产生新的法定代表人时,应由万象兴业公司的权力机关股东会作出授权)才有权代表万象兴业公司在股东会决议上盖章,否则即属无权代理。作为另一股东的汇锦川公司的法定代表人也是黄某某,黄某某对自己未获得万象兴业公司授权参加该次股东会亦是明知的,故汇锦川公司不属于善意相对人,无适用表见代理的余地。中核兴业公司、汇锦川公司主张万象兴业公司原法定代表人死亡后即应由总经理黄某某当然代表公司,并无法律依据,法院不予支持。中核兴业公司、汇锦川公司还主张黄某某作为总经理在万象兴业公司原法定代表人周某死亡前就独立使用过公章,表明黄某某已获得授权,法院认为,之前的使用公章行为即使不存在异议,也仅能证明之前的使用公章行为已获得授权或在其职权范围内,但不能当然凭此推定之后使用公章的行为均属有权代理,故对该项主张法院亦不予支持。因召开该次股东会时朗弘公司并不是中核兴业公司的股东,其无权参加该次股东会议并表决,故其在该次股东会决议上加盖公章并无任何法律意义。朗弘公司主张其获得中核兴业公司10%的股权属于善意取得,其作为新股东的合法权益依法应受到法律保护,法院不予支持。黄某某既不是万象兴业公司的股东,也不是法定代表人,朗弘公司仅依据黄某某的总经理身份并持有万象兴业公司的公章即认为其有权代表万象兴业公司就中核兴业公司增资扩股事宜进行表决,不应认定朗弘公司系善意且无过失,本案不适用表见代理的法律规定。该次股东会因欠缺代表51%股权的股东万象兴业公司的同意,会议的表决结果未达到代表2/3表决权的股东同意,所做决议不成立。万象兴业公司提起本案诉讼时《公司法解释四》尚未公布,其仅能依据《公司法》第22条的规定主张权利,在本案审理过程中该司法解释已经颁布实施,法院应根据该司法解释作出判决。鉴于该次股东会决议不成立,中核兴业公司根据股东会决议已办理工商变更登记,法院判决该决议不成立后,中核兴业公司应当向公司登记机关申请撤销变更登记。

中核兴业公司、汇锦川公司主张丁某通过非法手段取得万象兴业公司法定代表人身份,其无权代表万象兴业公司提起本案诉讼。法院认为,万象兴业公司的法定代表人已于2015年8月变更为丁某,至今未经法定程序撤销,丁某现有权作为法定代表人代表万象兴业公司提起本案诉讼。另外,法院已作出(2018)粤03民终13438号民事判决,确认丁某分得懿德轩公司60%的股权,而懿德轩公司又是占万象兴业公司99%股权的绝对控股股东,丁某在万象兴业公司将间接享有不低于

50%的股权，丁某对万象兴业公司享有控制权，仍可通过万象兴业公司提起本案诉讼。

## 例案三 | 罗某某与客商（北京）国际文化传播有限公司、李某某公司决议纠纷案

**【法院】**

北京市第一中级人民法院

**【案号】**

（2020）京01民终6272号

**【当事人】**

上诉人（原审被告）：客商（北京）国际文化传播有限公司

法定代表人：张某某，该公司总经理

被上诉人（原审原告）：罗某某

原审第三人：李某某

**【基本案情】**

罗某某向一审法院起诉请求：（1）确认客商（北京）国际文化传播有限公司（以下简称客商公司）于2016年3月23日形成的股东会决议不成立；（2）判令客商公司向工商行政管理部门办理撤销依据上述股东会决议进行工商备案的变更登记手续；（3）客商公司承担本案全部诉讼费用。

法院认定事实：2014年5月13日，罗某某与李某某共同发起设立客商公司，公司注册资本为50万元，其中，罗某某出资30万元，李某某出资20万元，罗某某为法定代表人。2015年5月5日，李某某将所持公司出资20万元转让给罗妙某，罗某某将所持公司出资15万元转让给曾某某，并办理了工商变更登记。2015年7月，罗妙某将其出资20万元、曾某某将其出资7.5万元转让给李某某，曾某某将其出资7.5万元转让给罗某某，罗某某持有客商公司45%股权，出资22.5万元，李某某持有客商公司55%股权，出资27.5万元，2015年9月，客商公司办理了变更登记。公司章程规定，召开股东会会议，应当于会议召开15日以前通知全体股东。股东会会议由执行董事召集和主持。股东会会议作出修改公司章程、增加或者减少注册资本的决议等，须经代表2/3以上表决权的股东通过。

2016年4月13日，客商公司在工商局再次办理了变更登记，其中登记材料中包含1份2016年3月23日公司股东会决议，载明客商公司在北京海淀区高梁桥

斜街40号13楼××层××室召开股东会,应到股东2人,实到2人,形成决议如下:(1)转让出资:罗某某愿意将客商公司7.5万元货币出资转让给李某某;(2)变更章程:同意修改后的章程。全体股东签字处签有“罗某某”“李某某”字样。此外,变更后的公司章程尾部盖有客商公司公章和“罗某某”签字。登记材料中还包括1份出资转让协议书,内容为:根据客商公司决议,罗某某与李某某达成出资转让协议:(1)罗某某愿意将北京蓝海苍穹科技发展有限公司的出资7.5万元人民币转让给李某某;(2)李某某愿意接收罗某某在北京蓝海苍穹科技发展有限公司的出资7.5万元人民币;(3)于2016年3月23日正式转让,自转让之日起,转让方对已转让的出资不再享有出资人的权利和承担出资人的义务,受让方以其出资额在企业内享有出资人的权利和承担出资人的义务。转让方和受让方处有“罗某某”“李某某”签字。上述工商登记变更系由客商公司委托代理机构奥帅事务所刘某某办理。

此后,客商公司又在工商局陆续办理了经营范围、住所、增加注册资本、法定代表人、董事、经理、公司章程等变更登记事项。罗某某称其均不知情,亦未签署相关变更文件。

本案诉讼中,李某某认可并未实际召开2016年3月23日股东会会议,其与罗某某并未共同在场一起签署文件,相关出资转让协议、股东会会议决议、修改的公司章程中“罗某某”签字均无法确认是其本人所签。关于登记材料中包括的内容为“罗某某愿意将北京蓝海苍穹科技发展有限公司的出资7.5万元人民币转让给李某某、李某某愿意接收罗某某在北京蓝海苍穹科技发展有限公司的出资7.5万元人民币”出资转让协议书,李某某称均为罗某某找代办公司办理的工商变更登记,北京蓝海苍穹科技发展有限公司与本案无关,李某某也不知道该公司情况;李某某明确表示不认可涉案出资转让协议、股东会决议,称均未曾见过上述文件,上述文件均为罗某某委托他人办理。

罗某某称系李某某委托公司员工罗映某找人办理的涉案工商变更登记,因2016年3月其本人已不掌管客商公司公章了。

诉讼中,法院传唤奥帅事务所代办人刘某某出庭作证。刘某某称,2016年4月,其接到客商公司财务人员罗映某的电话,要求委托办理客商公司股权变更的工商登记。之前刘某某曾为客商公司办理过变更手续,李某某认识他,李某某把刘某某的联系方式给了罗映某。所有变更材料都是罗映某交给刘某某的,刘某某到客商公司的办公地点广东大厦一层去取材料。材料包括变更登记申请书、股东会决议、股权转让协议、公司章程，交给刘某某的时候都是完整的材料，都有签字和盖章，符合登记要求，刘某某就到工商局办理了变更登记。此后，刘某某还为客商公司办理过公司的相关变更登记项目，都是罗映某委托的，但刘某某记不清拿没拿过客商公司公章了。刘某某称通过李某某介绍认识的罗某某，但不认识李某某与李某，都没见过面。

客商公司及李某某不认可刘某某证言，认为罗某某与李某某系夫妻关系，刘某某一直与二人有联系，其证言存在矛盾之处。客商公司称罗映某是李某某聘请的财务人员，但她在 2017 年就从公司离职了。涉案变更登记相关手续是罗某某自己找人办的。

诉讼中，法院请各方当事人查找并通知罗映某作为证人出庭作证，核实查证相关案件事实，但各方当事人均称无法联系到罗映某。

北京市海淀区人民法院审理后作出一审判决：(1)客商公司于 2016 年 3 月 23 日形成的股东会决议不成立；(2)客商公司于判决生效后 10 日内向公司登记机关申请撤销依据上述第 1 项决议作出的工商变更登记。客商公司不服一审判决，提起上诉。北京市第一中级人民法院审理后作出二审判决：驳回上诉，维持原判。

**【案件争点】**

客商公司于 2016 年 3 月 23 日形成的股东会决议是否依法成立以及相应变更登记如何处理。

**【裁判要旨】**

本案的争议焦点为客商公司于 2016 年 3 月 23 日形成的股东会决议是否依法成立。公司决议是一种法律行为，法律行为欠缺成立要件时，该法律行为不成立。《民法总则》第 134 条第 2 款规定，法人、非法人组织依照法律或者章程规定的议事方式和表决程序作出决议的，该决议行为成立。故股东会决议成立的要件应当包括程序要件及意思合意要件。《公司法解释四》第 5 条规定，股东会或者股东大会、董事会决议存在下列情形之一，当事人主张决议不成立的，人民法院应当予以支持："(一)公司未召开会议的，但依据公司法第三十七条第二款或者公司章程规定可以不召开股东会或者股东大会而直接作出决定，并由全体股东在决定文件上签名、盖章的除外；(二)会议未对决议事项进行表决的……"《公司法》第 37 条第 2 款规定，对股东会行使职权决定相关事项，股东以书面形式一致表示同意的，可以不召开股东会会议，直接作出决定，并由全体股东在决定文件上签名、盖章。本案中，客商公司两位股东罗某某、李某某均确认，2016 年 3 月 23 日并未实际召开股东会,亦未就相关决议书面达成一致的意思表示,且均否认客商公司在工商局登记备案的2016年3月23日股东会决议及相关出资转让协议书、公司章程、变更登记申请书等系列相关文件中己方签字的真实性,故应视为客商公司股东罗某某、李某某未就"1.转让出资:罗某某愿意将客商公司7.5万元货币出资转让给李某某;2.变更章程:同意修改后的章程"相关事项形成决议。综上,2016年3月23日客商公司股东会决议并非全体股东一致同意形成、表决结果未达到公司法或者公司章程规定的通过比例,亦不符合不召开股东会而直接作出有效决定的情形,故欠缺成立要件,依照公司法及相关法律的规定,该股东会决议应确认为不成立,客商公司应当向公司登记机关申请撤销变更登记。罗某某的诉讼请求有事实及法律依据,一审法院予以支持。

## 三、裁判规则提要

### (一)公司决议不成立制度

根据《公司法》第22条第1款、第2款的规定,公司股东会或者股东大会、董事会的决议内容违反法律、行政法规的无效。股东会或者股东大会、董事会的会议召集程序、表决方式违反法律、行政法规或者公司章程,或者决议内容违反公司章程的,股东可以自决议作出之日起30日内,请求人民法院撤销。第37条第1款规定了股东会的职权,第2款规定,对前款所列事项股东以书面形式一致表示同意的,可以不召开股东会会议,直接作出决定,并由全体股东在决定文件上签名、盖章。根据上述规定,除有限责任公司全体股东一致同意可以不召开会议作出决定外,只有依据法律和公司章程规定召开会议审议并表决通过,方才成立决议。但是,就瑕疵决议的救济,《公司法》仅在第22条规定了决议无效和可撤销之诉,均系针对已经成立的决议,未涵盖决议不成立的情形。在司法实践中,存在3个问题:首先,认定公司决议无效或者可撤销的前提,是决议存在,对于决议不存在的情形,如果认定为无效或者可撤销,存在逻辑上的矛盾。其次,《公司法》第22条规定决议无效的事由是公司股东会或者股东大会、董事会的决议内容违反法律、行政法规。然而,不存在的决议内容不一定违法,其难以通过决议无效之诉进行救济。最后,请求撤销决议的权利受到除斥期间的限制,必须在决议通过之日起60日内提起诉讼,而决议不成立时权利人往往难以及时获知有关事实,将之纳入可撤销情形亦不足以救济。除斥期间经过之后,瑕疵程度严重的决议反而同样受到法律保护,不利于社会秩序的稳定。公司决议是一种民事法律行为,民事法律行为的成立和生效是两个不同的概念，因此，公司决议的成立和生效理论也理应与民事法律行为的理论相吻合。民事法律行为欠缺成立要件时，为民事法律行为不成立，同理，公司决议欠缺成立要件时，应为公司决议不成立。以此推论，公司决议必须符合成立要件，才有进一步探究是否存在导致公司决议无效或者可撤销的情形。

基于此，《公司法解释四》专门规定了公司决议不成立之诉，完善了公司决议瑕疵的救济。该解释第5条规定："股东会或者股东大会、董事会决议存在下列情形之一，当事人主张决议不成立的，人民法院应当予以支持：(一)公司未召开会议的，但依据公司法第三十七条第二款或者公司章程规定可以不召开股东会或者股东大会而直接作出决定，并由全体股东在决定文件上签名、盖章的除外；(二)会议未对决议事项进行表决的；(三)出席会议的人数或者股东所持表决权不符合公司法或者公司章程规定的；(四)会议的表决结果未达到公司法或者公司章程规定的通过比例的；(五)导致决议不成立的其他情形。"上述规定列举的公司决议不成立的事由中，前两项为根本未开会、未表决，理论上称为决议不存在的情形；第3～4项包括虽然开会但出席会议的人数或者股东所持表决权不符合《公司法》或者公司章程的规定，或者会议的表决结果未达到法律或者公司章程规定的通过比例，理论上称为未形成有效决议；第5项规定了决议不成立的其他情形，作为兜底条款。

### (二)公司决议不成立的法律后果

公司决议不成立，相对于相应决议在客观上自始不存在，或者在法律上尚不具备有效决议的成立要件，从道理上说，这样一个压根不存在或者欠缺成立要件的公司决议，从法律后果的角度，理应与无效决议或者被撤销的决议一样，自判决作出之日起失去法律效力，不再具有拘束力，该公司决议的事项会受到一定的影响。

根据公司决议内容，如果发生争议可能会涉及公司内部法律关系、外部法律关系及兼具内部和外部法律关系的情况。单纯内部关系的，如董事会决议涉及董事报酬过高，股东会决议涉及向股东分红事项。单纯外部关系的，如公司对外投资或者担保。既有内部关系又涉及外部关系的，如公司招募新股东的增资决议，公司与其他公司的合并决议。

对于公司决议单纯涉及内部关系，决议不成立的，对内部关系有溯及力。当然，如果决议事项不涉及过去的，判决无溯及力，只对将来的行为有效果，如决议事项为公司的年度财务预算方案；如果决议事项涉及过去的，对已经发生的事件或者行为有效果,例如,决议涉及分红的,股东已经领取的红利,决议涉及董事、监事报酬事项的,相关董事、监事已经领取报酬的。公司内部事项属于受公司法调整的民事主体之间的法律关系,受公司法的约束。故关于公司决议不成立的判决对公司内部有直接的约束,对将来有效果的,公司或者相关的股东、董事、监事及高级管理人员不能再依照决议采取行动;对过去有效果的,有给付内容的,相关民事主体应予以返还,有其他公司内部行为的,也应当恢复到未执行决议时的状态。

对公司决议既涉及内部关系,又涉及外部关系的,或者单纯涉及外部关系的,确认公司决议不成立的判决对公司以外的其他民事主体没有溯及力。公司决议属于公司内部权力机关按照其权限分工对公司经营管理事项等作出的决定,对受公司法调整的本公司的民事主体有约束力,对本公司以外的他人没有约束力,一般情况下,关于确认公司决议不成立的判决对公司以外的他人不产生法律后果。如果公司已经因执行该决议与公司以外的他人建立相应法律关系的,公司拟取消该法律关系应当与他人协商解决,他人不同意取消并为此发生争议的,该争议的解决应当依据其间建立的法律关系性质决定适用相关法律予以调整。

## 四、辅助信息

**高频词条:**

**《公司法》**

**第二十二条** 公司股东会或者股东大会、董事会的决议内容违反法律、行政法规的无效。股东会或者股东大会、董事会的会议召集程序、表决方式违反法律、行政法规或者公司章程,或者决议内容违反公司章程的,股东可以自决议作出之日起六十日内,请求人民法院撤销。

股东依照前款规定提起诉讼的,人民法院可以应公司的请求,要求股东提供相应担保。

公司根据股东会或者股东大会、董事会决议已办理变更登记的,人民法院宣告该决议无效或者撤销该决议后,公司应当向公司登记机关申请撤销变更登记。

**《公司法解释四》**

**第五条** 股东会或者股东大会、董事会决议存在下列情形之一,当事人主张决议不成立的,人民法院应当予以支持:

(一)公司未召开会议的,但依据公司法第三十七条第二款或者公司章程规定可以不召开股东会或者股东大会而直接作出决定,并由全体股东在决定文件上签名、盖章的除外；

（二）会议未对决议事项进行表决的；

（三）出席会议的人数或者股东所持表决权不符合公司法或者公司章程规定的；

（四）会议的表决结果未达到公司法或者公司章程规定的通过比例的；

（五）导致决议不成立的其他情形。

**第六条** 股东会或者股东大会、董事会决议被人民法院判决确认无效或者撤销的，公司依据该决议与善意相对人形成的民事法律关系不受影响。

# 公司股东权利行使与责任案件裁判规则第12条：

## 公司章程是股东自治规则的载体，具有公司自治特点，只要股东达成合意，且不违背法律的强制性规范，公司章程即为有效。公司章程的内容违反法律禁止性规定，股东有权提起诉讼要求确认公司章程无效，人民法院应予支持。股东仅以修改公司章程的决议存在程序瑕疵为由，请求确认公司章程无效的，人民法院不予支持

〔**规则描述**〕：公司章程不仅体现股东的自由意志，也必须遵守国家的法律规定。公司章程违反法律强制性规定，股东有权提起诉讼要求确认公司章程无效。公司章程未违反法律强制性规定，仅修改公司章程的决议存在程序瑕疵的，股东提起诉讼要求确认公司章程无效的，法院不予支持。强制性条款应当是指不能由当事人自行选择而必须遵守的规定，对该类规定的违反可能损害国家和社会公共利益。公司章程作为股东之间的协议，是公司的组织准则与行为准则，只要不违反法律、行政法规的强制性规定，公司章程即具有法定约束力。公司章程与《公司法》条款规定不一致时，应当结合具体案件判定所涉法条的性质是否属于强制性规定，凡所涉法条不属于强制性规定的，即不影响公司章程的效力。

### 一、类案检索大数据报告

截至2020年4月30日，以“确认章程无效”“确认章程无效纠纷”为关键词，通过Alpha案例库共检索到类案69件，经逐案阅看、分析，与本规则关联度较高的案件共有36件。因其中存在同一案件的一审、二审、再审裁判，严格意义上应将其认定为一起案件（同时还有套案因素等，实质上争议的焦点问题是相同的），故剔除前述情形后，实际共有21件案件。整体情况如下：

从类案地域分布看，涉案数最多的地域是河南省，共9件；其次是北京市，共6件。

从类案结案时间看，最多的年份是2018年，共有8件；其次为2016年，共有3件。

从案件经历的审理程序看，只经过一审程序的共计8件，经过一审、二审两审

程序的共计 10 件，经过了一审、二审及再审程序的共计 3 件（如图 12 －1 所示）。

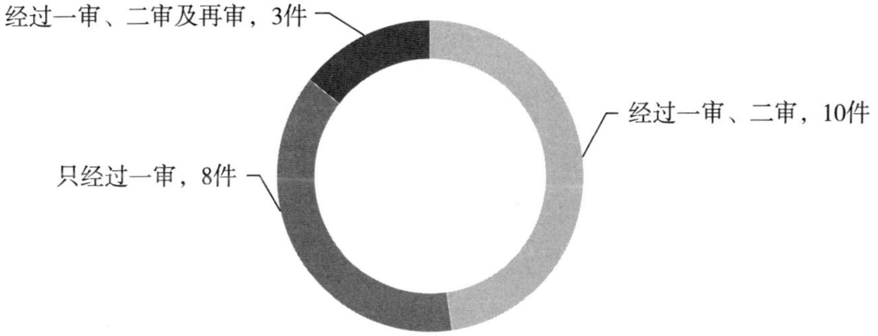


**图 12 －1　类案经过的审理程序**

## 二、可供参考的例案

### 例案一 ｜ 董某某与河南天海电器有限公司、董某股东资格确认纠纷案

**【法院】**

最高人民法院

**【案号】**

（2015）民申字第 710 号

**【当事人】**

再审申请人（一审原告、二审被上诉人）：董某某

被申请人（一审被告、二审上诉人）：河南天海电器有限公司

法定代表人：张某某

**【基本案情】**

河南天海电器有限公司（以下简称天海公司）的前身为河南天海电器（集团）公司（以下简称天海集团），天海集团为集体所有制企业。2003 年 5 月 24 日，鹤壁市企业改革工作领导小组办公室发布了（2003）1 号关于印发《鹤壁市深化企业改革实施方案》的通知，该方案明确了天海集团的改制办法。2006 年 7 月 5 日，经天海集团申请，鹤壁市企业改革工作领导小组办公室批准同意天海集团改制为有限责任公司。同年 7 月 25 日天海集团制定了《实施改制和加快发展的方案》《改制方案实施细则》。该方案中具体规定了参加改制人员范围、天海集团的净资产处置和配股方案。其中，配股方案为：对一般员工配股比例为 1∶7，即员工出资 1 元，可对

应配走天海集团的资产7元,合计为8元,作为对成立新公司的出资。对高管配股比例为1∶5,即高管出资1元,可对应配走天海集团的资产5元,合计为6元,作为对新公司的出资。

天海集团全体职工募集资金2849万元,公司14名高管和1364名职工分别与王某某和李某某签署《委托投资协议》,2006年9月,李某某以职工改制认缴出资1244万元,王某某以高管改制认缴出资1595万元,根据委托在郑州市注册了河南天海科技有限公司。2006年9月22日,在鹤壁分别设立鹤壁思卡尔投资有限公司和鹤壁塞尔投资有限公司,法人代表分别为王某某和李某某。2006年9月,鹤壁思卡尔投资有限公司和鹤壁塞尔投资有限公司根据鹤壁市政府批复的配股办法参与天海集团改制。9月25日,河南省工商行政管理局发布(豫工商)名称变核字(2006)第000475号《企业名称变更核准通知书》,"河南天海电器(集团)公司"的企业名称被核准变更为"河南天海电器有限公司"。

董某某在天海集团改制时任公司副总经理,属于公司高管,按照改制方案可按照认缴出资1∶5的比例配走天海集团的资产。董某某现金出资36万元,依方案获配原天海集团资产180万元,股权共计216万元。董某某与李某某形成委托投资关系(董某某在改制中未进入新成立公司的高管层),其持有的公司股权由鹤壁塞尔投资有限公司代为持有并行使相应股东权利。

天海公司在改制过程中曾拟订公司名称为"河南天海电器集团有限公司",并以该公司名称制定了成立章程,即《河南天海电器集团有限公司章程》(以下简称成立章程)。该章程第14条规定,"与本公司终止劳动合同、解除劳动关系及因组织调动离开本公司及其他原因离开公司或人民法院依照法律规定强制执行转让股东的股权时,其认缴现金获得的股权必须按第十二条规定转让募集资金,获得的配股权和放弃募集资金获得的送股权由公司无偿收回",该章程第12条的主要内容是对于股东股权转让的限制,"股东实际认缴现金获得的股权在公司服务满三年后方可转让;募集资金获得的配股权和放弃募集资金获得的送股权不能转让"。该章程在注册资本及股东姓名、出资额及出资比例部分均为空白,且未在工商行政管理机关备案。

天海公司成立时在工商行政管理机关备案的是鹤壁塞尔投资有限公司和鹤壁思卡尔投资有限公司代表职工出资12,366万元的《2006年9月27日河南电器有限公司章程》(以下简称备案章程),其中并无成立章程第12条、第14条内容。2007年12月9日,公司章程进行了修改,注册资本变为31,608万元,股东增加了河南天海科技有限公司。

2007年7月16日，天海公司董事会向董某某发出通知称，由于公司已与你解除劳动合同，根据公司章程第14条"与本公司终止劳动合同、解除劳动关系及因组织调动离开公司及其他原因离开公司或人民法院依照法律规定强制执行转让股东的股权时，其认缴现金获得的股权必须转让，募集资金获得的配股权和放弃募集资金获得的送股权由公司无偿收回"的规定，现退回你本人认缴股金36万元整，结合公司5次董事会决议，限你于2007年8月15日前到公司工会委员会办理手续、领取股金。董某某认为该通知没有法律效力，拒绝退股。

董某某向河南省鹤壁市中级人民法院起诉请求：(1)判令天海公司胁迫董某某退股为非法，确认董某某合法的股东权利（出资额为216万元，现金价值约为350万元）；(2)判令天海公司向董某某给付2007年其作为股东应分得的红利。河南省鹤壁市中级人民法院审理作出判决：(1)2007年7月16日天海公司董事会对董某某发出的退股通知无效；(2)确认董某某系天海公司合法股东（该公司成立时董某某所占股权价值为216万元）。天海公司不服一审判决，向河南省高级人民法院提起上诉。河南省高级人民法院审理后作出二审判决：(1)撤销河南省鹤壁市中级人民法院(2013)鹤民二初字第13号民事判决；(2)董某某自河南天海电器有限公司成立之日起至2007年7月16日天海公司董事会发出"退股通知"之日止的股东权益，董某某可另行主张；(3)驳回董某某的其他诉讼请求。董某某不服河南省高级人民法院的二审判决，向最高人民法院申请再审。最高人民法院再审后作出裁定：驳回董某某的再审申请。

**【案件争点】**

天海公司章程是否因欠缺法定要件而无效。

**【裁判要旨】**

生效裁判认为，天海公司的前身是天海集团，天海集团为集体所有制企业。2003年5月24日鹤壁市企业改革工作领导小组办公室发布了《关于印发〈鹤壁市深化企业改革实施方案〉的通知》，该方案明确了天海集团的改制办法。2006年7月5日，经天海集团申请，鹤壁市企业改革工作领导小组办公室批准同意天海集团改制为有限责任公司。同年7月25日，天海集团制定了《实施改制和加快发展的方案》《改制方案实施细则》。该方案中具体规定了参加改制人员范围、天海集团的净资产处置和配股方案。现董某某依据《民事诉讼法》第200条第6项"原判决、裁定适用法律确有错误"为由向法院申请再审，故对于董某某的再审事由能否成立,必须以天海集团改制过程中形成的相关文件并结合当时改制的目的、意义和相关事实为依据进行分析判断。

关于董某某申请再审所称"河南天海电器集团有限公司章程"是否因欠缺法定要件而无效的问题。法院认为,公司章程是关于公司的组织结构、内部关系和开展公司业务活动的基本规则和依据,亦是股东自治意思规则的载体,具有公司自治特点,只要股东达成合意,且不违背法律的强制性规范,公司章程即为有效。本案中,在天海集团改制过程中,为规范公司与职工股东之间以及职工股东之间的权利义务关系,制定了《河南天海电器集团有限公司章程》,该章程是在天海集团改制过程中经股东代表会议一致通过的法律文件,是全体股东的真实意思表示,对此,董某某是明知的。该章程虽没有记载"注册资本、股东姓名、出资额及出资比例"等事项,但其并未违反法律强制性规定,不能否认其效力,该章程已经经过股东代表会议一致通过,其应该作为处理公司与职工股东之间权利义务关系的依据。所以,原审法院依据天海集团改制的相关文件以及特定的历史事实,认定该章程合法有效并作为处理公司与职工之间的权利义务关系的依据,是符合当时天海集团改制的客观事实的,董某某申请再审所称"河南天海电器集团有限公司章程没有记载注册资本、股东姓名、出资额及出资比例等事项无效"的理由,不能成立。

关于董某某申请再审所称《河南天海电器集团有限公司章程》中规定"在职持股,退职退股"是否有效的问题。法院认为,《河南天海电器集团有限公司章程》中约定的"在职持股,退职转股、退股",是基于天海公司进行企业改制的特殊背景而形成的意思自治约定,该规定已经经过股东代表会议一致通过且实施,是全体股东意思自治的结果,也是全体股东的真实意思表示。董某某选择缴纳股金的行为亦表明其接受《河南天海电器集团有限公司章程》的约定。此外,二审判决已经查明,具备天海集团在职职工身份,是获得改制后公司股权的前提条件,同时,天海集团的改制架构和募集资金的方式,也决定了其在公司章程中作出"在职持股,退职退股"的约定。故二审判决基于天海集团改制的特殊背景,认定"在职持股,退职退股"的约定不违反法律规定,并无不当,也未侵犯董某某的财产权。董某某的该项再审理由也不能成立。

关于董某某申请再审所称《河南天海电器集团有限公司章程》第 12 条及第 14 条的规定是否违反禁止抽逃出资规定的问题。法院认为,根据《河南天海电器集团有限公司章程》第 12 条及第 14 条以及天海公司首届 5 次董事会 2007 年 4 月 12 日通过的《关于对董事长代持职工离职时所转移股权的决议》,董某某持有的 36 万元股权由天海公司董事长代持，36 万元认缴现金由工会借支给董事长，再由董事长退还给董某某。该种安排实为天海公司职工股权转让的形式，目的是保证天海公司注册资本的完整，该约定不违反禁止抽逃出资的规定。董某某的该项再审理由亦不能成立。

## 例案二　徐某与安顺绿洲报业宾馆有限公司、贵州黔中报业发展有限公司公司决议效力确认纠纷案

**【法院】**

贵州省高级人民法院

**【案号】**

(2015)黔高民商终字第 61 号

**【当事人】**

上诉人(原审原告)：徐某某

被上诉人(原审被告)：安顺绿洲报业宾馆有限公司

法定代表人：章某某

原审第三人：贵州黔中报业发展有限公司

法定代表人：陈某

**【基本案情】**

2009 年 10 月 19 日，徐某某与贵州黔中报业发展有限公司(以下简称报业公司)为设立安顺绿洲报业宾馆有限公司(以下简称报业宾馆)共同拟订了《安顺绿洲报业宾馆有限公司章程》。该章程主要载明：由报业公司发起，由报业公司和徐某某共同出资租赁安顺报社办公楼为场所，合股经营报业宾馆；注册资本为 250 万元；股东为报业公司和徐某某；出资方式为现金；出资额为：报业公司 51%(127.5 万元)，徐某某 49%(122.5 万元)；营业期限 12 年，从 2009 年 8 月 10 日至 2021 年 8 月 10 日；章程由双方共同订立，自 2009 年 10 月 19 日起生效。章程第 7 条规定：宾馆设董事会，行使下列权利：(1)决定宾馆的经营方针和投资计划；(2)决定总经理、副总经理的报酬事项；(3)选择和更换由股东派出的监事；(4)审议批准宾馆总经理的报告；(5)审议批准宾馆监事会的报告；(6)审议批准宾馆的年度财务预算方案、决算方案；(7)审议批准宾馆的利润分配方案和弥补亏损方案；(8)对宾馆增加或者减少注册资本作出决议；(9)对股东向股东以外的人转让出资作出决议；

(10)对宾馆合并、分立、变更、解散和清算等事项作出决议;(11)修改宾馆章程;(12)制定宾馆的基本管理制度。章程第 32 条规定:宾馆有下列情况之一,可以解散:(1)宾馆章程规定的营业期限届满;(2)董事会决议解散;(3)宾馆合并或者分立需要解散;(4)宾馆违反法律、行政法规被依法责令关闭;(5)因不可抗力事件致使宾馆无法继续经营;(6)宣告破产。上述章程签订后,报业宾馆于 2009 年 10 月 22 日在安顺市工商局注册成立,登记股东为徐某某和报业公司。

徐某某认为,报业宾馆章程第 7 条规定了应由股东行使的权利,第 32 条第 2 款也规定了董事会有权通过决议方式对报业宾馆进行解散等应由股东行使的权利,违反了公司法强制性规定,侵犯了股东合法权益。多次与第三人协商对该条款进行调整和规范,无法达成一致意见,故诉请确认报业宾馆章程第 7 条、第 32 条第 2 款无效。

贵州省安顺市中级人民法院审理后作出一审判决:驳回徐某某的诉讼请求。徐某某不服一审判决,向贵州省高级人民法院提起上诉。贵州省高级人民法院审理后作出二审判决:(1)撤销安顺市中级人民法院(2015)安市民商初字第 3 号民事判决;(2)确认安顺绿洲报业宾馆有限公司章程第 7 条第 8、10、11 项,第 32 条第 2 项无效;(3)驳回徐某某其他诉讼请求。

**【案件争点】**

《报业宾馆章程》第 7 条、第 32 条是否应被确认无效。

**【裁判要旨】**

生效裁判认为,公司章程是由公司发起人或全体股东共同制定的公司基本文件,也是公司成立的必备性法律文件,主要体现股东意志。《公司法》第 11 条规定,"设立公司必须依法制定公司章程",表明公司章程具有法定性,即它不仅体现股东的自由意志,也必须遵守国家的法律规定。只要公司章程不违反国家强制性的、禁止性的法律规定,司法一般不应介入公司章程这种公司内部事务,即使司法要介入,也应保持适当的限度,即适度干预。

本案所涉公司章程规定了包括股东在内相应人员的权利和义务,对相应人员具有约束力,从有权利即有救济的角度看,如果股东认为公司章程的内容有违法或侵犯股东权利的情形,股东应有权通过诉讼维护自己的合法权利。因此,上诉人请求确认公司章程部分内容无效的权利是存在的,报业宾馆和报业公司认为"徐某某诉请确认公司章程部分无效没有法律依据"的理由不成立。在确认徐某某享有相关的诉权后,本案的争议焦点在于报业宾馆章程内容是否部分无效。《公司法》以列举的形式规定了股东会和董事会的职权，从法律规定来看，董事会、股东会均有法定职权和章程规定职权两类。无论是法定职权还是章程规定职权，强调的都是权利，在没有法律明确禁止的情况下，权利可以行使，可以放弃，也可以委托他人行使。

但《公司法》第43条第2款规定，“股东会会议作出修改公司章程、增加或者减少注册资本的决议，以及公司合并、分立、解散或者变更公司形式的决议，必须经代表三分之二以上表决权的股东通过”。从此条规定中的法律表述用语“必须”可以看出，修改公司章程、增加或者减少注册资本的决议，以及公司合并、分立、解散的决议有且只有公司股东会才有决定权，这是股东会的法定权利。报业宾馆章程第7条第8、10、11项，第32条第2项将股东会的法定权利规定由董事会行使，违反了上述强制性法律规定，应属无效。因此，报业宾馆和报业公司关于“该授权不违反《公司法》的强制性规范”的辩解理由不成立，徐某某的上诉请求应予部分支持。

## 例案三 | 华夏芯（北京）通用处理器技术有限公司与宁波梅山保税港区京成聚丰股权投资合伙企业（有限合伙）与公司有关的纠纷案

**【法院】**

北京市第二中级人民法院

**【案号】**

（2019）京02民终12459号

**【当事人】**

上诉人（原审被告）：华夏芯（北京）通用处理器技术有限公司

法定代表人：侯某某

被上诉人（原审原告）：宁波梅山保税港区京成聚丰股权投资合伙企业（有限合伙）

代表人：杨某某

**【基本案情】**

2018年5月19日，宁波梅山保税港区京成聚丰股权投资合伙企业（有限合伙）（以下简称京成聚丰合伙企业）（投资方）、李某某（实际控制人）、华夏芯（北京）通用处理器技术有限公司（以下简称华夏芯公司）（标的公司）签署《宁波梅山保税港区京成聚丰股权投资合伙企业（有限合伙）关于华夏芯（北京）通用处理器技术有限公司之投资协议》《宁波梅山保税港区京成聚丰股权投资合伙企业(有限合伙)与华夏芯(北京)通用处理器技术有限公司、李某某关于〈投资协议〉之补充协议》。2018年6月4日,京成聚丰合伙企业(增资方)、李某某(实际控制人)、华夏芯公司(标的公司)签署《宁波梅山保税港区京成聚丰股权投资合伙企业(有限合伙)关于华夏芯(北京)通用处理器技术有限公司之增资协议》《宁波梅山保税港区京成聚丰股权投资合伙企业(有限合伙)与华夏芯(北京)通用处理器技术有限公司、李某某关于〈增资协议〉之补充协议》。2018年6月28日,华夏芯公司向工商机关提交《公司变更(改制)登记申请书》,申请变更事项包括注册资本、股东、公司章程、董事、监事。京成聚丰公司在此次变更中被登记为华夏芯公司股东之一,变更后股东显示为8个,华夏芯公司的公司章程亦进行了变更登记。备案的公司章程日期显示为2018年6月28日,侯某某作为公司法定代表人在该章程尾页签字确认,并加盖华夏芯公司公章。工商备案的《华夏芯(北京)通用处理器技术有限公司股东会决议(2018年第2次)》注明:"以下签字人作为公司股东,于2018年6月15日就公司股东变更、注册资本变更、制定新的公司章程及其他事宜一致通过如下决议:……2. 同意由李某某出资4112.5万元(占注册资本的22.831%)……京成聚丰合伙企业出资412.5万元(占注册资本的2.290%),组成新的股东会……7. 同意修改公司章程并启用新的公司章程。"华夏芯公司的原股东及京成聚丰公司作为新股东均在上述股东会决议签署页签字或盖章确认。庭审中,京成聚丰合伙企业称上述变更后的公司章程第36条等条款含有大量损害和排除中小股东权益的条款,而包括京成聚丰合伙企业在内的中小股东并未同意上述修订后的公司章程,故该公司章程应为无效。华夏芯公司则主张在公司章程变更登记前,公司已将拟变更的章程文本通过微信方式发送全体原股东及新股东。为证明该项主张,华夏芯公司提交该公司职员与京成聚丰合伙企业委派代表杨某某的微信聊天记录显示,2018年6月18日华夏芯公司将拟变更的公司章程文本发送杨某某,杨某某未就该公司章程发表意见。京成聚丰合伙企业所提交的华夏芯公司2015年7月24日的公司章程第8条规定:"股东会由全体股东组成,是公司的权利机构,行使下列职权:……(十)修改公司章程……"第13条规定:"股东会会议作出修改公司章程、增加或减少注册资本的决定,以及公司合并、分立、解散或者变更公司形式的决议,必须经代表三分之二以上表决权的股东通过。"

京成聚丰合伙企业诉至法院请求:确认华夏芯(北京)通用处理器技术有限公司2018年6月28日的公司章程无效。

北京市大兴区人民法院审理后作出一审判决：确认华夏芯（北京）通用处理器技术有限公司2018年6月28日的公司章程无效。华夏芯公司不服一审判决，向北京市第二中级人民法院提起上诉。北京市第二中级人民法院审理后作出二审判决：撤销一审判决，驳回京成聚丰合伙企业的诉讼请求。

**【案件争点】**

华夏芯公司2018年6月28日作出的公司章程是否应被确认无效。

**【裁判要旨】**

生效裁判认为，公司章程是由公司发起人或全体股东共同制定的公司基本文件。《公司法》第11条规定，设立公司必须依法制定公司章程。公司章程具有法定性，其不仅体现股东的自由意志，也必须遵守国家的法律规定。只要公司章程不违反国家强制性的、禁止性的法律规定，司法一般不应介入公司章程这种公司内部事务，即使司法要介入，也应保持适当的限度。

本案中，京成聚丰合伙企业以华夏芯公司提交给工商机关的章程未经全体股东签字盖章且内容存在重大侵害股东合法权益即约定放弃优先购买权为由要求确认章程无效。对此，法院认为，在公司成立以后，章程具有决议的法律属性。首先，2018年6月15日的《华夏芯（北京）通用处理器技术有限公司股东会决议（2018年第2次）》通过股东会决议的形式就"同意修改公司章程并启用新的公司章程"达成一致，但在该股东会决议中并未体现公司章程修改的具体内容或新公司章程的具体内容，且华夏芯公司亦未提交充分证据证明其已在工商变更登记前通过其他有效形式将修改后的公司章程内容通知了全体股东并征得2/3以上表决权的股东同意，2018年6月28日的公司章程修改程序不符合《公司法》及华夏芯公司原公司章程的相关规定，此为程序瑕疵。因此，京成聚丰合伙企业以程序瑕疵为由要求确认公司章程无效的理由不成立。其次，《公司法》第71条规定："有限责任公司的股东之间可以相互转让其全部或者部分股权。股东向股东以外的人转让股权，应当经其他股东过半数同意。股东应就其股权转让事项书面通知其他股东征求同意，其他股东自接到书面通知之日起满三十日未答复的，视为同意转让。其他股东半数以上不同意转让的，不同意的股东应当购买该转让的股权；不购买的，视为同意转让。经股东同意转让的股权，在同等条件下，其他股东有优先购买权。两个以上股东主张行使优先购买权的，协商确定各自的购买比例；协商不成的，按照转让时各自的出资比例行使优先购买权。公司章程对股权转让另有规定的，从其规定。"可见，在经全体股东（股东会）同意、不违反法律强制性规定也不损害他人利益时,公司章程可以约定优先购买权的放弃,故京成聚丰合伙企业以章程第36条第2、7、8、9款和第37条约定其放弃优先购买权违反法律强制性规定的理由不成立。综上,京成聚丰合伙企业以华夏芯公司提交给工商机关的章程未经全体股东签字盖章且内容存在重大侵害股东合法权益即约定其放弃优先购买权为由要求确认章程无效的诉讼请求,无事实与法律依据,法院不予支持。

## 三、裁判规则提要

我国《民事案件案由规定》没有规定"确认公司章程无效纠纷"案由。司法实务中对于股东起诉确认公司章程无效案件,一般确定为"与公司有关的纠纷"案由。作为公司章程条款无效之诉后果的承担者,确认公司章程无效或部分无效应以公司为被告。

公司章程是由公司发起人或全体股东共同制定的公司基本文件,也是公司成立的必备性法律文件,主要体现股东意志。公司章程是关于公司的组织结构、内部关系和开展公司业务活动的基本规则和依据,亦是股东自治规则的载体,具有公司自治特点,只要股东达成合意,且不违背法律的强制性规范,公司章程即为有效。《公司法》第11条规定,设立公司必须依法制定公司章程,表明公司章程具有法定性,即它不仅体现股东的自由意志,也必须遵守国家的法律规定。只要公司章程不违反国家强制性的、禁止性的法律规定,司法一般不应介入公司章程这种公司内部事务,即使司法要介入,也应保持适当的限度,即适度干预。公司章程违反法律强制性规定,股东有权提起诉讼要求确认公司章程无效,法院应当支持。公司章程未违反法律强制性规定,仅修改公司章程的决议存在程序瑕疵的,股东提起诉讼要求确认公司章程无效的,法院不予支持。强制性条款应当是指不能由当事人自行选择而必须遵守的规定,对该类规定的违反可能损害国家和社会公共利益。公司章程作为股东之间的协议,是公司的组织准则与行为准则,只要不违反法律、行政法规的强制性规定,公司章程即具有法定约束力。公司章程与《公司法》条款规定不一致时,应当结合具体案件判定所涉法条的性质是否属于强制性规定,凡所涉法条不属于强制性规定的,即不影响公司章程的效力。

## 四、辅助信息

**高频词条:**

**《公司法》**

**第三十七条第一款** 股东会行使下列职权:

（一）决定公司的经营方针和投资计划；

（二）选举和更换非由职工代表担任的董事、监事，决定有关董事、监事的报酬事项；

（三）审议批准董事会的报告；

（四）审议批准监事会或者监事的报告；

（五）审议批准公司的年度财务预算方案、决算方案；

（六）审议批准公司的利润分配方案和弥补亏损方案；

（七）对公司增加或者减少注册资本作出决议；

（八）对发行公司债券作出决议；

（九）对公司合并、分立、解散、清算或者变更公司形式作出决议；

（十）修改公司章程；

（十一）公司章程规定的其他职权。

**第四十三条** 股东会的议事方式和表决程序，除本法有规定的外，由公司章程规定。

股东会会议作出修改公司章程、增加或者减少注册资本的决议，以及公司合并、分立、解散或者变更公司形式的决议，必须经代表三分之二以上表决权的股东通过。

**第四十六条** 董事会对股东会负责，行使下列职权：

（一）召集股东会会议，并向股东会报告工作；

（二）执行股东会的决议；

（三）决定公司的经营计划和投资方案；

（四）制订公司的年度财务预算方案、决算方案；

（五）制订公司的利润分配方案和弥补亏损方案；

（六）制订公司增加或者减少注册资本以及发行公司债券的方案；

（七）制订公司合并、分立、解散或者变更公司形式的方案；

（八）决定公司内部管理机构的设置；

（九）决定聘任或者解聘公司经理及其报酬事项，并根据经理的提名决定聘任或者解聘公司副经理、财务负责人及其报酬事项；

（十）制定公司的基本管理制度；

（十一）公司章程规定的其他职权。

# 后　　记

最高人民法院在《人民法院第五个五年改革纲要(2019—2023)》中提出,完善类案和新类型案件强制检索报告工作机制。类案同判研究机制的健全完善对促进统一法律适用、提升司法公信力具有重要意义和价值,实现类案公正无疑是促进和谐社会建设的重要举措。中国法学会审判理论研究会、中国应用法学研究所按照最高人民法院党组的要求,积极开展类案裁判规则的编写工作。为此,由中国应用法学研究所韩德强主任担任主编,统筹北京市第二中级人民法院民四庭员额法官和法官助理组建编写团队,编写公司股东权利行使与责任类案裁判规则。

股东是公司的投资者,是公司直接融资的主要对象。公司要能够实现国民财富的增长,必须有充足的资本来源。如果公司不能很好地维护股东的合法权益,不能为股东谋取合法收益,股东投资热情必将减退。因此,依法维护股东权利,是依法保护营商环境,促进"大众创业、万众创新"的重要条件。根据权利与义务相统一、有权必有责的原则,股东享有权利,必然还要履行相应义务,在公司日常运行、与外部债权人发生法律关系时,如果股东没有履行应尽的义务,按照《公司法》及司法解释的规定,股东应当对公司、其他股东或者债权人承担相应责任。关于股东权利行使与责任的案件,是公司诉讼中体量最大的一类案件,因此,本书编写人员对涉股东权利行使与责任类案件进行精细梳理和深度解析。在编写过程中,通过检索典型案件,梳理《公司法》、五部公司法司法解释、《全国法院民商事审判工作会议纪要》相关条款,汇总提炼形成较为权威的裁判规则。

本书编撰过程中,韩德强主编多次与编写组全体成员线上座谈商讨,明确编写原则和定位,并对每个裁判规则的筛选审订、格式内容编排、类案检索报告的全面性与权威性等内容进行梳理和修正。廖春迎副院长和杜岩庭长为课题组的组成与运转提供了坚实支撑与保障,北京市第二中级人民法院民四庭的全体员额法官和法官助理均参与了规则撰写。编写团队多次通过现场会议、视频连线等方式协调工作,进一步统一观点、修改文字,确保书籍编写工作的顺利有序进行。每一位作者在编写中均以极大的热情全身心投入，在繁忙的工作之余付出大量时间和精力对规则反复推敲；穷尽检索手段，从数千件裁判文书中筛选适合的典型案例，只为尽最大可能找到同类案例，就已有的案例进行讨论，反复推敲，甄选出有代表性的案例，进而确立类案裁判规则，从而保证本书的编写质量。

全书所选规则基本反映了现今涉及公司股东权利行使与责任案件类型，明确了类案裁判规则。尤其是在国家提出"改善投资和市场环境，加快对外开放步伐，降低市场运行成本，营造稳定公平透明、可预期的营商环境，加快建设开放型经济新体制，推动我国经济持续健康发展"的大背景下，希冀通过对该领域类案规则的梳理和编撰为法院裁判确立法律适用的尺度标准，体现经济新常态下商事审判服务党和国家工作大局，引导公众正确行使诉权，提高守法用法能力。

最后，感谢为本书编撰提供友情支持和帮助的所有司法界、理论界、实务界的同人，希望本书能够在未来的法律工作中发挥实际作用。